스스로 생각할 수 있는가!

무엇이 보이는가! 잘 살펴서 찰察해야 한다.
세상에 좋은 것들과 나쁜 것들을 통찰력으로 배려하면
주변이 세심해지고 긍정적인 것들로 채워진다.
그러면 우리는 어떤 일이든 해결할 수 있는 생각을 하게 된다.
이것이 배움을 통해 갖는 유리한 형세, 곧 나의 통찰이다.

미래 리더들의 창의독서법

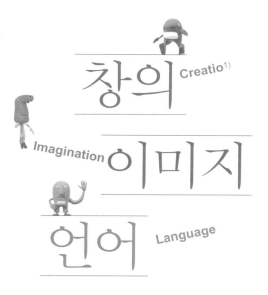

창의 Creatio[1]

Imagination 이미지

언어 Language

창의이미지언어로 리딩하라!

· 장태규 지음 ·

---

1) crĕátĭo 라틴어 : 창조, 창작, 만들어냄.

/목/차/
창의이미지언어로 리딩하라!

창의코칭 Tip

. . .

미래 리더들에게 필요한 통합적 사고역량
마음속 상상력을 세상밖으로 꺼내는
창의이미지언어로 생각을 계산하라!

. . .

〈창의이미지언어〉[2]는 아동, 청소년, 교사, 학부모들이 책을 읽으면서 떠오르는 상징성(그림, 소리, 숫자)을 활용하여 생각들을 일상에 표현하고 소통하도록 도와주는 창의독서교육의 모델로써 인문고전을 좀 더 재미있고 쉽게 읽을 수 있도록 도와주며 독서에 푹 빠질 수 있도록 이끌어주는 창의적인 독서방법이다.

일상의 소소한 생각덩어리들을 우리는 사소些少하게 버리며 산다. 그러나 세상에 드러난 혁신적 변화들은 작은 생각들이 모여 만들어 진 것들이 대부분이다.

---

2) 창의이미지언어(創意, Originality Imagination language)

그런 측면에서 혁신적 사고에 꼭 필요한 상상력조각들을 잘 챙기고 모아둘 필요가 있다. 이 책은 아동, 청소년, 교사, 학부모와 함께 인문독서 수업을 진행하면서 얻은 결과물을 남기고자 노력하였다.

그런 이유로 다음의 3가지단계를 제시한다.

첫째, 창의(想像, imagination language)언어로 생각 만들기.

둘째, 창의(想像, imagination language)언어로 이미지 만들기.

셋째, 창의(想像, imagination language)언어로 문장 만들기.

3단계를 활용한 〈창의이미지언어〉 독서법은 책을 읽는 모두에게 배움의 깊이와 의미들을 끄집어내는 핵심 사고를 통해 독서문화를 한층 높여주는 지침서가 될 것이다.

다음세대들에게 지식을 남겨준다는 것

5천 년 전 이집트시대에 쓰였던 상형문자는 사물을 본 떠서 그것에 관련된 사람의 마음속 표상, 상상, 개념(생각의 동의어) 등을 표현한 언어이다. 사람이나 동물 또는 사물을 그려서 그것에 관련된 단어나 음절 또는 소리를 글자로 사용한 문자이다.

이집트의 여러 벽화에 새겨져있던 그림들은 마음속 생각을 이미지로 재현하는 원리를 우리에게 알려주었다. 오늘날, 그것이 이집트의 오랜 역사를 알게 해주는 흔적의 연결고리가 되었고 현재를 살고 있는 우리에게 그시대의 삶의 지혜가 무엇인지 알려주는 자산이 되고 있다.

세종대왕이 창제하여 대한민국의 모든 국민이 말하고 쓰는 한글은 표음문자 중에 가장 진보한 언어다. 표음문자phonogram는 사람이 말하는 소리를 기호로 나타낸 문자이다. 결국 소리와 글자의 특징을 연결시킨 상관관계가 의미를 표현하는 형태로 구성된 창의적 언어이다.

　현대를 사는 많은 사람들은 관계의 중요성과 다양성을 아는 세상에 살고 있다. 많은 문제와 갈등에 직면하여 그것을 해결하기 위해 가져야할 마음속 생각을 창의적으로 정리하고 표현해야하는 부담도 커지게 되었다. 그러나 모두가 행복한 소통을 하지 못하는 상황이 많아지고 그 방법을 오히려 어려워만 하고 있는 실정이다.

　우리는 지금의 생각과 소통의 일상들을 창의적으로 풀어가는 사고방법들을 정리하여 다음세대들이 알 수 있는 어떤 기록(교육법)으로 남겨야 한다. 이것은 미래 세대들에게 좀 더 나은 삶의 환경을 물려주기 위한 우리의 의무가 아닐까?

왜 창의이미지언어를 훈련해야하는가?

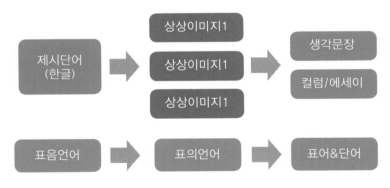

창의 이미지언어 생각계산 훈련과정

스스로 생각 할 수 있는가!

〈창의이미지언어〉가 알려주는 배움이 미래의 창의적인 리더를 키워내는 시작이기를 바란다. 또한 그 리더들과 함께 미래를 묻고 세상에 가치 있는 일을 만드는 원리가 무엇인지 알아가는 배움에 집중하기를 바란다.

미래의 진정한 배움은 가치와 원리를 묻고 알아가는 것에 즐거움과 깊이가 있다는 것을 알아가는 과정이라 할 수 있다. 그런 측면에서 창의이미지언어를 통해 얻는 사고교육은 장려되고 개발되어야 한다.

우리는 지금의 교육이 무엇을 생각하게 하고 무엇을 다음세대들에게 남겨줄 것인가에 깊게 고민해야한다. 그 고민을 위해 어떤 지식들이 지금 존재하고 있으며 그것을 유지시키기 위한 방법들로 어떤 것이 있는지 알아야 한다.

이제, 그 마음이 정리되었다면 일상에서 일어나는 창의적 생각들을 배움과 연결하여 하나하나 정리하고 흔적을 기록하는 일에 관심을 가져야 한다.

메소포타미아의 쐐기문자[3], 이집트의 상형문자[4], 중국의 표의문자는 모두 단어나 음절 등을 기록할 수 있는 기능이 있다. 그러나 기본적인 음을 기록할 수는 없다. 표의언어는 형태와 소리와 의미를 갖고 있다. 한자를 읽고 쓰는 것이 가능하다는 것은 많은 의미들을 갖고 있는 기호나 글자들을 알아야 가능하다는 말이다.

중국의 한자를 읽고 그 의미를 이해하여 글로 적을 수 있다는 것은 오랜 시간 배움에 집중해야 가능한 일이다. 그래서 어려운 공부이다. 하루종일 공부에 매달려 정진해도 배움의 깨달음을 얻기가 쉽지 않아 경제적인 활동을 하지 않아도 살 수 있는 양반계층의 특권이 된 것이다. 조선시대 일

---

3) 설형문자 [cuneiform script, 楔形文字], BC 3000년경부터 3천년간 메소포타미아를 중심으로 고대 오리엔트에서 광범하게 사용된 문자로 한자(漢字)와 마찬가지로 회화문자(그림문자)에서 생긴 문자이다. 문자의 체계는 수메르인들이 기록을 위해 젖은 점토 위에 도구를 이용해 흔적을 남기기 시작하면서부터 발달했으며, 초기에는 주로 수를 세기 위해서 사용되었던 것으로 추측된다. 점토 위에 갈대나 금속으로 만든 펜으로 새겨 썼기 때문에 문자의 선이 쐐기 모양으로 되어 설형문자라고 하며 쐐기문자라고도 한다.

4) 사물(事物)을 본 떠 그 사물이나 그것에 관련 있는 관념을 나타낸 고대 이집트 문자.

반 평민들이 글을 모르고 살아야 했던 이유와도 같은 의미이다.

입으로 하는 말을 한자로 옮기는 일은 쉬운 일이 아니다. 그 불편함을 불쌍히 여긴 세종대왕이 초성, 중성, 종성으로 구성된 지금의 한글을 만든 것이다. 한글은 어떤 언어인가? 세상에서 가장 신비한 문자이며 세계 2,900여 종의 언어가운데 유네스코에서 인정한 가장 창의적인 언어가 아닌가!

세계문자 가운데 한글을 신비로운 문자라 부르는 이유는 유일하게 한글만이 그것을 만든 사람과 반포일, 글자를 만든 원리까지 정확하게 알기 때문이다. 세계에 이런 문자는 없다. 그런 이유로 [훈민정음 해례본](국보 70호)은 유네스코 세계기록유산으로 등재되었다

아무리 배움이 부족하고 명석하지 않은 성인이라도 일주일이면 한글을 읽고 쓸 수 있다. 어떤 사람들은 반나절에도 글을 깨우치고 읽는 일이 가능하다. 이것은 실로 그렇지 못한 시대에서 생각한다면 언어의 기적이고 혁신이 아닌가!

어떤 방법을 선택하느냐에 따라 배움의 속도는 큰 차이를 갖는다.

이유는 무엇일까? 그것은 간단한 기호를 활용하여 모든 표현을 쓰도록 만들었기 때문이다. 영어(알파벳 26개)도 마찬가지의 패턴을 갖고 있다. 그에 비하면 중국은 어린 아동이 기억해야하는 글자만 해도 천여개(부수는 214개)에 달한다.

그에 비하면 이집트의 아이들이 익혀야하는 100여 개의 상형문자나 메소포타미아 학생들이 배워야하는 600여 개의 기호들은 중국의 한자에 비하면 적은 편이다. 그러나 한글이나 영어는 차원이 다른 아주 적은 양이다. 이렇듯 언어의 특성은 통합된 기호화를 사용하여 조합을 시켜주는 방법으로 의미를 소통해주면 어렵게 생각되던 배움들이 쉽게 풀리는 속성을 갖고 있다.

일상 속에서 창의교육을 배울 수 있는 기회를 갖게 된다면 어떤 일이 일어날까? 지금은 전 세계가 창의적 사고에 집중하고 있다. 특별이 대한민국은 더 뜨겁다. 어려운 시기마다 창의적인 지혜로 위기를 극복해 낸 일들은 수없이 많다.

최근에도 전 세계인들이 지켜보는 가운데 펼쳐진 명승부전이 있었다. 수백 명의 컴퓨터 박사와 천여대개가 넘는 컴퓨터 두뇌로 만들어진 알파고와의 바둑대회에서 첫 승리를 거둔 이세돌[5]에게 전세계 사람들은 흥분하고 집중하였다. 한국인의 창의성을 유감없이 보여준 사례가 된 것이다. 훌륭한 인재를 갖고 있는 한국이 부럽다고 구글대표와 알파고 개발자는 말했다. 이처럼 대한민국은 미래의 창의인재를 키워내는 좋은 성향과 교육모델을 갖고 있다. 그 자부심과 함께 교육 강점을 살리는 데에 더 집중할 필요가 있다.

창의이미지언어의 개념

창의이미지언어는 책을 읽고 유발되는 아이들의 생각을 두 가지의 범주로 구분한다.

첫 번째는 상상 속에서 얻게 되는 생각이며 두 번째는 일상에서 경험하며 얻게 되는 생각이다.

Kant 칸트[6]는 순수이성비판에서 선험적 상상과 현실세계의 경험을 분리하여 순수한 선험적 상상을 언급하였다. 사람들은 그 상상을 통해 통찰력이라는 것을 얻게 된다고 말했다.

---

5) 이세돌, 1983. 3. 전라남도 신안. 바둑기사

6) 독일의 철학자(1724~1804). 경험주의와 합리주의를 통합하는 입장에서 인식의 성립 조건과 한계를 확정하고, 형이상학적 현실을 비판하여 비판 철학을 확립하였다. 저서에 ≪순수이성 비판≫, ≪실천 이성 비판≫, ≪판단력 비판≫, ≪영구 평화론≫ 따위가 있다.

많은 사람들이 신념을 갖고 살면서 수없이 많은 책을 읽는다. 머릿속에 기억remembering하고 있는 책의 내용은 원래 읽었던 이야기와 시간이 흐를수록 변형된 내용으로 분리되어 저장된다.

글의 정확한 내용들이 일상에서 집중하는 흥미나 문화적 배경에 의해 변형(왜곡)되거나 혹은 빠지기도(삭제) 한다. 그러나 더 오랜 시간이 경과되면 특정내용은 더욱 정교화 되며 새로운 내용들이 첨가된다.

과거에 읽은 책의 내용들이 시간이 지남에 따라 저장된 기억에서 여러 가지 왜곡, 삭제, 그리고 변화가 생기는 이유는 사람들이 기억을 떠올릴 때 과거에 경험된 이미지를 사용하기 때문이다.

사람들은 글의 이야기에서 특정한 부분을 기억할 수 없을 때, 그 시점에서 생겼을지 모를 것(본질사고)을 유발시키거나 상상한다. 그래서 시간이 지나면 원래 이야기의 줄거리에서 다른 줄거리가 추가된다. 그런 측면에서 책을 읽으며 사고의 유창성을 향상시키는 기억장치를 만드는 독서교육은 지식의 민감성을 높여주는 차원에서 필요하다.

창의이미지언어는 책을 읽으며 알게 되는 지식들을 중심으로 과거의 배경지식에 연결하여 글이 의미하는 것들을 3개의 이미지로 표현하여 충돌하는 경계사고를 만들어 낸 다음, 생각을 조금씩 덧붙여나가는 것에 목적을 둔다.

인문고전 속에 비유된 단어와 구절들이 창의이미지언어를 통해 유발된 생각의 기억들로 저장하여 보관하는 아이들의 관심은 점점 더 책을 읽으면서 새롭게 알게 되는 지식과 지혜들을 빠르게 해석하고 습득하는데 즐거움을 느낀다.

결국, 미래에 습득하게 될 지식에 대해 현재시점에서 영향을 주는 과거의 기억을 어떻게 끄집어내고 통합시킬 것인가에 관심을 갖고 창의이미지언어를 체계화시켜 나가야 한다.

지금의 교육이 현실을 좋아하고 변화를 긍정하며 실체實體성을 경험구조로 이성을 활용하고 있기에 이런 특성을 감안한다면 이미 습성화된 리딩과 교육습관에 융통성있는 상징체계인 창의이미지언어로 본질을 좋아하고 변하지 않는 정신과 이성성이 중심이 되는 배움이 필요하다.

미래의 교육은 교사가 학생에게 가르치는 일방적인 교육방향성이 아니라 청소년과 그들을 가르치는 교사들이 함께 배워야하는 교육의 가치를 갖고 창의성과 인성교육을 위해 인문고전을 읽으며 창의이미지언어를 적용하였고 미래의 리더들을 위한 창의교육으로 개발시켜야한다는 확신을 갖는다.

창의이미지언어는 첫째, 일상의 주어진 상황 속에서 문제의 핵심이 되는 단어들을 설정하고 그것을 자신의 상상력 언어 기호도구(점, 직선, 곡선, 도형 등)로 만들어보는 교육으로 시작한다.

둘째, 제시된 핵심단어에 3개의 상이언어 기호를 만들었다면 그것에 각각의 제목을 붙여보는 것이 다음 작업이다. 이것은 추상적으로 만들어진 상이언어를 표의문자의 개념을 만드는 사고훈련과정이다.

마지막으로 3개의 상이언어 기호들을 활용하여 완성된 핵심단어와 연결하여 나만의 문장을 만들어보는 과정이다. 가끔은 짧은 몇 개의 문장으로 자기주장의 글(에세이나 칼럼 등)을 써보는 것도 좋다.

창의이미지언어의 기능은 무엇인가?

인간의 배움은 세상의 물질을 연구하기 시작하여 사람의 생명을 다루는 과학으로 진화되었다. 이제는 사람의 마음속 생각들을 계산해내는 인지과학에 집중하고 있다. 그러나 아직 마음의 작용을 설명해주는 계산이론을 밝혀내지 못해 인지과학의 지상목표는 아직 완전하지가 않다.

창의이미지언어는 마음을 상징적인 기호체계로 보고 생각계산공식을 통해 다음과 같은 전제와 결론을 정의한다.

생각계산공식 $T = w + 3i$

전제 : 생각과 감정과 행동은 하나이며 같다.
결론 : 마음속 생각을 계산하는 공식을 활용하여 3개 수준의 제시어 설명과 계산된 하나의 생각문장을 체계적으로 표현할 수 있다.

위에 생각계산공식에 익숙해지면 어떤 것들이 향상될까?

① 많은 책속의 글과 문장 속에서 내 생각을 정리하고 기준과 중심을 세우며 통합시키는 것에 익숙해진다.
② 책을 읽으면서 중요하게 생각되는 핵심문장을 구분하며 문장 속에서의 근원단어를 선택하고 그 의미를 활용하여 스토리로 만든다.
③ 책속에서 제시하는 여러개의 중요한 지식들에 대하여 그 깊이와 중심의미들을 정리하고 중요한 정도를 결정하여 선별적으로 기억하도록 도와준다.
④ 책속에서 펼쳐지는 현재의 내용들을 읽으며 미래에 전개될 내용들이 어떤 이야기로 표현될지 예측한다.

생각계산공식 〈$T = w + 3i$〉

인간의 뇌는 단절된 것들을 먼저 지각한 후에 연결할 것들을 추론하여 지각을 발전시킨다. 그것을 이미지로 볼 때 더욱 선명해진다. 사람의 기억 속에 저장된 지식과 경험을 이미지정보와 결합시킴으로써 현실의 생각들은 더욱 명확해진다. 이 과정에서 결국 무엇을 공부하든 그 전에 필요한 것은 생각하는 습관이며 과정을 아는 일이다.

일상의 독서 속에서 중요한 근원이슈단어들을 결정하는 1차 선별적 지각표상(근원단어)이 이뤄지고 2차 근원단어와 연결한 경험 속에서 떠오른 3개의 이미지를 그린다. 이후 3개의 이미지에서 떠오르는 중요한 특성(배경지식과 현재지식의 융합)이 추출되어 근원문장을 만들게 된다.

이 과정은 결국 단어에서 문장으로 생각의 늘어남을 계산하는 의미로 이해한다.

사람들의 마음은 일상에서 갖게 되는 자극과 정보를 인식하여 여러 가지 형식으로 이미지화(부호)하여 기억에 저장하고 사용해야할 때 인지라는 생각구조를 유발하는 형태로 되어 있다.

결국 사람의 마음도 개인의 정보를 처리하는 형태를 갖고 있는 것이며 정보를 처리하는 것을 우리는 어릴 적부터 계산이라는 단어로 배워왔다.

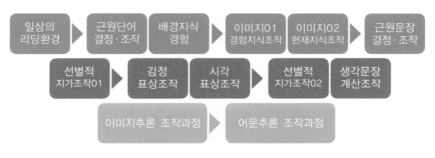

창의이미지언어의 〈생각〉 계산과정

열길 물속은 알아도 한 길 사람 속은 모른다!

라는 마음에 대한 옛 속담이 있다. 그러나 세상은 변해간다. 컴퓨터로 사람의 마음을 이해하고 연구하겠다고 주장하는 세상이다. 철학과 심리학, 언어학, 신경과학, 인공지능, 인류학을 통합하여 미래의 배움에 대한 카테고리를 연구하고 있다.

  사람의 마음속 생각을 기호로 정리할 수 있다면 기호를 조작하는 컴퓨터 프로그램에 의해 마음속 의미를 조작하고 모형화 할 수 있다는 인지과학자들의 연구에 왠지 설득력이 있어 보인다.
  지식을 경험하고 사고하여 추리하는 문제해결을 통해 인지과정을 체험하고 알아가는 과정이 과연 기호체계로 정리될 수 있을까?

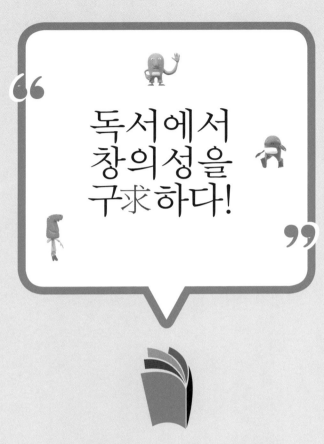

독서에서
창의성을
求하다!

:: 우리가 배워야 할 창의독서교육이란?

정말 뭔가 배우긴 했을까?

배움의 소통들로 성취한 것은 무엇인가?

새로운 시대가 열렸다. 지식정보화사회라는 베이직을 통해 우리는 어떻게 소통해야하는가에 직면하게 된다.

온고이지신 가이위사의 溫故而知新, 可以爲師矣

새로운 지식은 어디에서부터 시작되는가? 결국 오래된 지식들로부터 시작하여 온기 따뜻한 지식들이 재창조된다는 논어의 문장으로 이해한다. 2천5백 년 전의 배움들이 현재의 새로운 관점으로 인식되는 것은 결국 내 안에 익숙한 고정관념들을 버리고 새로운 시각으로 지금의 배움에 직면하라는 집중을 준다.

배움이 시작되며 함께 동행하는 학생과 교사의 사제관계는 오랫동안 지속된다. 교사하면 말하고 설명하며 지시도 하고 가르치는 이미지가 떠오른다. 반면에 학생은 교사의 말과 설명을 듣고 지시하는 것에 따르며 교사의 답을 듣는 모습을 떠올린다.

중, 고등학교에 다닐 때를 떠올려 본다. 특유의 어조로 재미있게 수업을 진행한 교사도 있었고 반면, 따분한 교사도 있었다. 가르친 내용은 기억나지 않지만, 가르침에 느낌, 감정, 생각을 유발시켜준 교사들의 모습은 그래도 기억이 살아있는 편이다.

예전에는 유명한 강사들의 특강이 있다면 꼭 챙겨서 들어보려고 노력했다. 은, 는, 이, 가를 빼고 놓칠 것이 없는 강사의 멘트를 들으며 끊임없이 노트에 받아 적은 기억이 난다. 그런 바쁨과 강의의 감동으로 나는 무엇인가 배웠다고 믿었다. 그러나 지금에 와서 드는 의구심은 정말 뭔가 배우긴 했을까?라는 것이다.

강사가 말해주는 정보들은 이전에 내가 알지 못하던 지식들로 현장에서 새로 알게 된 것은 맞다. 그러나 교육이라는 것이 결국 교사나 교수, 강사가 알던 지식을 내게 전달하고 주입식으로 머리에 넣어 흘려보내는 것이 전부라고 묻는다면 나는 '노' 라고 말할 것이다.

그러나 아직도 아쉬운 것은 많은 교육의 현장에서 말로써 듣고 배우는 것이 대부분을 차지한다는 것이다. 커뮤니케이션에서 상대방의 말로 이해되는 것은 27% 밖에 되지 않는다. 그럼에도 많은 사람들은 말로써 모든 지식을 전달할 수 있다고 생각한다. 그것도 틀린말은 아니라고 생각한다. 그러나 좀 더 효과적인 교육의 효과를 위해 우리가 할 수 있는 것을 없을까?

꿈의 분석으로 유명한 구스타프 칼융은 사람의 여덟가지[7] 유형을 말해주고 있다. 또한 우리가 쉽게 테스트해볼 수 있는 MBTI를 통해 사람의 성격유형들을 알 수 있게 해주었다.

사람의 내면안에는 이렇게 다양한 자아가 있으며 자아를 증폭시키며 자신을 실현해가는 사람으로 성장해야함을 말해주고 있다.

〈장태규 창의독서교육연구소〉에서는 청소년들과 학부모 및 교사들에게 독서를 통해서 두 가지의 목표를 구분하여 실현하고자 한다.

첫째는 느끼는 나에 대해 환경의 인식을 높이는 역량이며
둘째는 생각하는 나의 환경에 대한 인식을 높이는 역량이다.

느끼는 내면의 역량은 감각적인 것과 직관적인 것으로 학습된다. 아울러 생각하는 내면의 역량은 사고와 감정으로 습득된다.

여러분은 독서를 하면서 자아를 찾는 훈련을 하고 계신가요?

우리는 독서를 하며 자아를 찾는 훈련을 해야 한다. 책을 읽으며 작가의 지식을 내 것으로 알게 되는 지식적 습득은 사고적인 배움으로 개념과 개념을 체계화하여 개념끼리 관련성을 말해주는 판단기능정도일 뿐이다. 그러나 그 배움은 시간이 지나면 곧 잊어버리고 만다. 그저 그 책을 읽었다 정도만 남게 된다.

이솝우화의 짧을 글을 읽어도, 두꺼운 책의 한 페이지만 읽어도 우리는

---

7) 외형적사고형, 내향적사고형, 외향적감정형, 내향적감정형, 외향적감각형, 내향적감각형,
외향적직관형, 내향적직관형

많은 것을 느낄 수 있어야 한다. 어떤 내용이든 그 단어와 문장에 대해 일정한 가치를 부여하는 자기의 감정을 표현하고 말할 수 있어야 한다.

청소년들과 독서토론을 해보면 간단한 지식을 묻는 것에는 정확하게 답을 말한다. 그러나 자신의 감정을 묻는 질문에는 어려워하는 것을 본다.

감정이란 무엇인가? 일종의 정서적 판단이다. 그것이 가치가 있느냐 무가치하냐, 수용할 것이냐, 배척할 것인가, 기분이 좋으냐 불쾌하냐, 좋아하느냐 싫어하느냐 등을 평가하는 기능이다.

책에서 나오는 수많은 단어들에 대해 우리는 감정을 물을 수 있어야 한다. 그것은 너무도 당연한 질문이고 누구나 쉽게 할 수 있는 질문이다. 이렇게 자신의 감정표현에 익숙하지 못한 것은 누구도 우리에게 이런 것을 알려주지 않았고 배우지 않았기 때문이 아닌가!

〈장태규 창의독서교육연구소〉에서는 아이들에게 독서지도를 그림과 단어와 문장을 활용하여 감정표현에 익숙해지도록 도와주는 창의이미지언어를 활용하여 교육한다. 감정표현을 하지 않으면 독서토론에 참여할 수 없다. 그러나 놀라운 것은 빠른 시간에 감정표현에 대해 배우고 습득한다는 사실이다.

글을 읽으며 어떤 감각을 발휘할 수 있는가?

아이들은 저마다 자기가 좋아하는 감각적인 스타일이 있다. 그러나 그것이 어디에 쓰이는지? 혹은 어느 시점에서 발휘되어 나타나는지 잘 알지 못한다. 어떤이는 그것이 무의식의 잠재되어 있는 부분이라 말한다.

아마도 어떤 것의 존재하는 사실을 일차적으로 파악하게 하는 기능 때문일 것이다. 그러나 감각이 무의식에 있다면, 무의식이라는 것도 결국 내 의식에서 출발해야하지 않을까 생각한다. 일상에서 우리가 흔히 느낄 수 있는 구체적인 감각의 것들이 있고 추상적인 이미지나 모양들을 활용한 감각들이 있다.

〈장태규 창의독서교육연구소〉에서는 점, 선, 면을 통해 1차적으로 일상적인 창의이미지언어를 통해 감각을 끄집어내는 평면경험을 습득하게 한다.
2차적으로 평면시각에서 벗어나 입체적인 감각을 가질 수 있도록 추상적인 곡선과 직선과 도형들을 활용하여 감각을 표현하는 과정을 코칭한다.

미래인재들에게 필요한 통찰은 어디에서 배울 수 있는가?

많은 분야에서 통찰에 대한 기능을 이야기한다. 그러나 어디에도 통찰을 얻을 수 있는 교육에 대해 말해주는 곳은 많지 않다. 글로벌 리더십이 필요하다고 말하지만 그것을 경험할 수 있는 곳도 많지 않다. 중학생들에게 자유학기제가 시작되었으나 마땅히 청소년들이 자신에게 맞는 직업을 체험해 볼 수 있는 교육현장도 찾아보기 힘들다.
직관이란 무엇인가? 과거, 현재, 미래를 포함할 수 있는 인간의 전체정신에 대한 본능적인 통찰기능이 아닌가! 그것의 가능성 내지 그것에 내포되어 있는 의미를 직접적으로 파악하는 역량 말이다.
앞에서 언급한 사고나 감정은 합리적이고 이성적인 측면에서 판단의 축으로 균형을 이뤄야하는 역량이며 감각과 직관은 비합리적인 축, 즉 지각의 축으로 사고와 감정의 균형을 이루는 역량을 말한다.
결국, 독서를 통해 우리는 생각과 감정과 사고의 균형을 활용하여 행동으로 발휘해야 한다. 우리가 독서를 할 때, 어떤 내용을 읽고 사고로 발휘될 때 의식적 판단은 시작되고 이 때 감정은 무의식적 판단이 된다.
〈창의독서교육연구소〉에서는 청소년과 성인들에게서 나타나는 생각과 감정과 행동의 왜곡된 역량들을 바로잡고 사고의 깊이를 향상시키기 위해 창의이미지언어를 활용한다.

　사고가 의식기능이 되면 감정은 열등기능이 되고, 감정이 의식기능이
되면 사고는 열등기능이 되는 것들에 균형을 잡아주고 상호보완적인 역량
을 갖도록 코칭한다.

정말 뭔가 배우긴 했을까?

　어릴적부터 성인이 되기까지 누구나 수많은 책을 읽는다. 그러나 독서
를 통해서 뭔가 배우긴 했을까?

　이제 자신에게 맞는 독서교육의 진정한 의미를 생각해보고 정리해야할
때이며 각자마다. 독서에 대한 정의를 갖고 있는가 물어야 한다.

**좋은 교육이란 다른 사람에게 중요한 지식을 배울 수 있도록
상황을 만들어주는 것이다.**

　그러나 왠지 이 정의는 오늘날 미래인재들을 위한 교육의 설명으로 부
족해 보인다. 완벽한 수업을 진행했더라도 학생들이 배운 것을 쉽게 잊어
버린다면 무엇을 배웠다고 말할 수 있을까? 묻게 된다.

우화에서 연상배우기

두 줄의 이솝우화로 2시간을 버티며 토론하고 생각을 끄집어내서 말을 이어간다. 우화란 상반된 이야기로 수수께끼처럼 의미를 쉽게 알 수 없도록 만들어진 짧은 이야기이다.

내 마음이 사자도 돼야하고 개구리도 돼야한다. 말의 목숨도 살아야하고 소의 입장도 이해해야 한다. 우화는 여러형태로 우리에게 전해진다. 성경에도 많은 우화가 신앙의 감동을 주고 있으며 불교도 그렇다.

세계 곳곳의 문화와 그 나라 사람들의 생각을 알 수 있으며 짧은 글에서 주는 교훈의 메시지는 매우 깊고 재미있다.

창의독서교육연구소에서 다루는 이솝우화는 몇가지 공통된 특징들을 가지고 있다. 첫째는 대체적으로 우화중에서도 짧은 내용의 것들을 사용한다. 그럼에도 완벽한 토론을 이끌어내는 좋은 재료가 된다.

둘째, 우화가 의미하는 교훈이 깊어서 일상에서 배우기 어려운 지혜와 지식을 발견할 수 있다는 것이다.

셋째, 너무나 짧은 내용을 다루기 때문에 본질을 이해하지 못하는 아이들은 전혀 무슨 뜻인지 알 수 없다는 것이다.

위에 3가지의 우화 속성을 가지고 문장 속에서 드러나 있는 의미들을 하나하나 물어가며 감정과 생각들을 말하다보면 오히려 우화의 간결성이 아이들에게 더 깊고 재미있는 집중력을 알게 해준다.

우화를 읽고 포스트잇에 써놓은 교훈들을 활용해 토론이 진행되면 처음 쓴 생각과 차이가 있는 내용으로 바뀌게 된다. 바뀐 교훈들 속에는 다분히 자신의 감정들에 자극을 주는 내용들이 많다. 일반적인 우화의 내용이 아이들에게 주는 교훈은 무미건조하고 재미가 없다. 그러나 수업이 끝나갈 때쯤, 토론참여자들은 자신에게 꼭 맞는 교훈과 타인에게 꼭 맞는 교훈까지 이해하게 된다. 그런 측면에서 우화는 연상을 통해 습득하는 창의적 사고를 경험하는데 최고의 도구가 된다.

다만, 자신의 생각만 옳다고 주장하는 친구들은 유연한 우화의 교훈을 얻는데 실패한다. 여러 상황들이 있을 수 있음을 생각해보고 받아들여야 함에도 그러지 못하는 친구들이 있다. 연구소에서 우화를 택하여 교육을 개발한 것도 우화가 주는 모호성 때문이다.
모호성이 모든 사람으로 하여금 다양하게 깨우치는 지혜를 준다. 한가지만의 해석과 판단으로 자기주장을 한다면 아마도 용감하지만 어리석은 사자가 될 수 있다.

우화 속에서 표현된 단어의 하나하나를 쪼개어 그 의미들을 내 경험과 연상하기 시작해야 토론은 수수께끼의 답을 찾아갈 수 있다. 수수께끼의 속성은 물어야 답을 찾을 수 있다는 것이다. 어릴 적 부모가 자녀에게 수수께끼를 내면 아이들은 계속 궁금증을 가지며 묻기 시작한다.
여기서 교사와 부모의 역할은 그 물음에 다시 질문을 함으로써 궁금증에 대한 연상을 자녀와 학생이 하도록 해야 한다.

비유와 이미지언어를 이해할 수 있는가!

예부터 하나를 얻은 것들이 있으니
하늘은 하나를 얻음으로써 맑고
땅은 하나를 얻음으로써 안정되고
신은 하나를 얻음으로써 신령해지고
골짜기는 하나를 얻음으로써 채워지고
만물은 하나를 얻음으로써 소생하고
왕후는 하나를 얻음으로써 천하를 바로잡게 되니
그 모두가 하나에서 오는 것이다.

昔之得一者 석지득일자
天得一以精 천득일이정
地得一以寧 지득일이영
神得一以靈 신득일이령
谷得一以楹 곡득일이영
萬物得一以生 만물득일이생
候王得一以僞天下貞 후왕득일이위천하정
其致之一也 기치지일야

🔺 노자 도덕경 39장

오로지 유일하시고 살아 계시고 참되신 하나님이 계신다.

존재와 완전성에서 무한하시고

가장 순수한 영이시고

볼 수 없고

몸이 없으시고, 부분들로 나누어지지 않으시고

격정이 없으시며

불변하시고

광대하시고(무량하시고)

영원하시고

불가해하시고

전능하시고

가장 지혜롭고

가장 거룩하고

가장 자유롭고

가장 절대적이시며

하나님 자신의 불변하고 가장 의로운 뜻이 계획을 따라서

모든 것을 행하시되

자기 자신의 영광을 위해서 행하시고

가장 사랑이 많으시고

은혜로우시고 자비하시고 오래 참으시고 선과 진리가 가득하시고

부정과 범죄와 죄를 용서하시고

자신을 부지런히 찾는 자들에게 상을 주시고

동시에 하나님은 가장 공의로우시고

심판에 있어서 무서우시고

모든 죄를 미워하심으로

죄인들을 결코 면죄해 주시지 않으시는 분이시다.

🔺 웨스트민스터 신앙고백비교해설 '거룩한 삼위일체 p50'

〈장태규 창의독서교육연구소〉에서는 인문고전을 읽고 토론하는 교육을 연구중심에 둔다. 생각의 깊이를 갖게 하는 사고와 옛 성현들의 지혜를 감각적으로 느껴서 내 경험과 감정으로 가져오는 것을 통해 읽기 어려운 인문고전의 많은 비유적 표현들을 이해하는 데 직면하게 한다.

위에 제시한 종교(기독교)에 대한 문장들은 거의 모든 표현이 비유에 근거를 두고 있다. 바이블은 100% 비유의 책이라 해도 과언은 아니다. 아울러 공자가 예禮를 물었던 노자의 도덕경에도 유무상생, 물과 불, 하늘과 땅 등의 많은 표현들이 대극을 이루는 두 개의 존재나 사물들의 비유로 도道와 덕德을 말하고 있다.

지식을 알게 하는 책이야 외우고 암기하고 계속 읽으면 알 수 있고 또 그것을 먼저 습득한 사람에게 설명을 구하고 배우면 되는 문제이다. 그러나 느껴야하고 생각해야하는 지식들은 그렇게 하는 데 별 효과가 없음을 알고 있다.

도덕경 1장, 도를 도라 말하는 것은 상도가 아니다 라는
道可道 非常道 도가도 비상도라는 말이 있다.
어떤 것의 최고의 정수는 말로 정의내릴 수 없다는 의미이다.

말로 설명되어 누구에게 가르칠 수 있는 것들은 최고의 배움이 될 수 없다는 것이다. 그런 측면에서 인문고전들이 우리에게 주는 것들은 쉽게 습득될 수 있는 것들이 아니기에 가치가 있다 하겠다.

이런 이유로 독서전문가라면 교육자로써 누구나 쉽게 고전을 읽을 수

있는 독서방법을 연구하는 것은 당연한 일이다. 그 비법을 몇가지 소개하면 이렇다.

첫째, 단어하나하나를 쪼개서 관찰해보는 것이다. 책이라는 것은 결국 단어가 모여 문장이 되고 구句나 절節, 단락段落이 되는 것이다.

둘째, 단어를 하나하나 관찰하려면 결국 천천히 읽어야 한다는 것이다. 어느 때 우리는 속독법이라는 것에 집중하여 그 방법을 배우려고 학원에 다닌 적이 있다. 1년에 1,000여권의 책을 읽는 속독법 책들이 유행했고 빠르게 많은 책을 읽어내는 것이 타인을 이기는 경쟁이라 생각했다.

그러나 세상이 바뀌었다. 세상이 바뀌니 생각도 바뀐다. 그 많은 책을 읽었음에도 우리의 기억에 남아있는 것들이 형편없이 적다보니 다른 생각을 하게 되는 것이다.

셋째, 핵심단어로 연상되는 생각들을 정리하는 과정이다. 그리고 그 생각을 책 공간 여기저기에 메모를 해보는 것이다.

나는 가끔 책을 사러 알라딘에 간다. 내게 필요한 책들을 저렴한 가격으로 살 수 있어서 자유 애용한다. 중고책방이기는 하지만 고르는 책마다 새 책만큼이나 상태가 좋은 책들이 대부분이라 만족감이 있다. 가끔은 첫페이지 빈 공간에 어떤 메모들을 본다. 그러나 책에 대한 내용이라기보다는 언제 읽었다거나 누구에게 선물 받았다거나 혹은 선물을 하려고 쓴 메모들이다.

한권의 책을 읽고 난 이후에 나는 웃는다. 내가 읽은 책을 알라딘에서 받아줄까? 빈공간이 없이 빽빽하게 메모해놓은 페이지들이 많다. 그 패턴을 보니 책의 막바지로 갈수록 점점 더 많은 메모들로 채워진 것을 발견한다. 어떤 때는 작가보다도 더 말이 많다. 그래서 나는 내가 구입한 책을 다시 팔 수 없는 지경으로 만들어 놓는다.

넷째, 단어를 통해 연상한 내 생각들을 메모하고 정리가 끝났다면 그것을 3개의 그림으로 그려보는 것이다.

이 작업은 독서를 하면서 텍스트로 내용을 알고 이해하는 것하고는 다른 차원의 사고들을 습득하게 한다. 감각적인 사고, 감정적인 사고, 직관적인 사고들이 필요하다. 좀 더 자세한 내용들은 뒤에 또 언급되며 독서회원들이 그린 창의이미지언어 작업들도 소개하였다.

다섯째, 단어와 그림이 정리되었다면 그다음은 하나의 문장을 만드는 과정이다. 앞에서 언급한 노자의 도덕경 39장 문구에 공감되는 작업들이다. 하나의 단어, 하나의 문장을 만들기 시작하면 한권의 책이 읽어지는 것이고 온전히 읽어진 한권의 책이 나를 바꾸는 터닝포인트가 된다.

마지막으로 자신의 작품을 놓고 다른 친구들과 토론하는 과정이다. 물론 먼저 자신의 작품을 잘 설명하는 것이 먼저이다. 그 이후에 생각의 다름을 묻는 토론들이 진행된다.

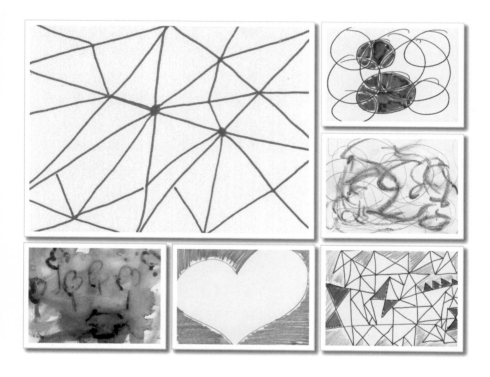

핵심단어로 구분하라!

학學
효孝
인仁
행行
예禮
지知
신信
군자君子
충忠
서恕

〈장태규 창의인문독서교육연구소〉에서 처음 발간한 독서교재는 공자의 논어였다. 가장 많은 사람들이 알고 있으며 읽어 보았다고 말하는 논어는 쉽게 접할 수 있는 인문고전이다. 그러나 논어가 어떤 책이냐? 어떤 것들을 말하고 있고 어떤 것을 느꼈느냐 묻는 질문에는 쉽게 답하지 못한다.

연구소에서는 책을 읽지 않던 아이들도 1년 정도 독서모임에 참여하면 논어의 전체내용을 궁금해 하며 논어원문을 읽으려 한다. 혹 논어라는 책을 읽지 않더라도 공자가 이야기한 핵심 단어들에 대해 말할 수 있는 역량을 갖게 된다.

1년을 40주로 나누어서 매월 첫 주는 위의 주제들을 대상으로 논어에 관련된 문장들을 읽고 토론한다. 핵심단어를 중심으로 논어문장이 하나하나 나오는 단어들의 의미들을 묻고 서로의 생각을 이해하며 독서를 한다. 동일하게 반복되는 토론의 패턴 속에 독서회원들은 깊은 창의적 사고를 갖게 된다.

누가 물어도 이제 중학생인 민재는 논어에 대해 이야기할 수 있다. 공자의 생각이 아닌 자신의 생각으로 말이다. 이 차이는 책의 핵심단어들을 선택하고 집중하는 독서방법으로 습득된 것이다.

이렇게 책을 한권씩 읽어가기 시작하면 아무리 어려운 문장이라도 자신의 생각을 담아서 그 수준에 맞게 이해할 수 있는 것이다. 그 다음 작가의 생각이 무엇인지 알면 되는 것이다.

혹은 시간이 흐르면서 지속적인 배움을 이어나갈 때, 이해하지 못했던 부분들도 통합적인 사고를 통해 알게 된다. 학學을 이해하지 못한 아이들은 효孝를 다루며 배움을 이해할 수 있게 된다. 혹은 효를 이해하지 못한 아이들은 이순신장군의 충忠을 배우며 부모의 효를 이해하는 경험을 배우게 된다.

이것은 미래 리더들에게 필요한 통합적 사고를 스스로 배우게 하는 이유가 된다. 지금까지 얼마나 많은 사람들이 자기의 생각 틀 속에서 병렬적 사고로 세상을 이끌어 왔는가! 그러나 이제 소통하지 못하는 리더는 경쟁력을 잃게 되는 세상이 도래했다. 미래의 리더가 지혜의 창고인 책을 읽으며 필요한 핵심역량을 습득하지 못한다는 것은 비효율적인 배움이 틀림없다.

그런 이유로 연구소에서는 책을 읽는 모든 사람들에게 글속에서 핵심단어들을 찾아 그것에 대해 다양하게 연상하는 방법을 계속적으로 가르치며 연구하고 있다.

어떤 변화를 느끼는가!

- 이름 : 김○○
- 나이 : 51세 여
- 직장 ; 노인복지시설
- 가족 : 남편, 아들2

　김씨는 고등학교 동창의 지인소개로 연구소에 오게 되었다. 지인은 먼저 독서모임에 1년 정도 참여하였으며 김씨가 겪고 있는 상황들이 해결되는 데 독서모임이 도움을 줄 수 있을 것이다라며 연구소를 소개하였다.

　처음 김씨의 상황은 이랬다.
구석진 자리에 앉았고 묻는 질문에 얼굴이 벌겋게 달아올랐다.
표정이 굳어졌고 습관적으로 고개를 숙였다.
'잘 모르겠는데요.' 가 거의 대부분의 답이었다.
'죄송합니다, 제가 멍청해서요.' 하며 자신의 주변상황을 몰고 갔으며
자신감이 떨어진 표현을 자주 하였다.
김씨 대부분의 대화주제는 남편이다. 남편은 술을 즐겨하고 술로 인해

많은 돈을 쓰고 있는 상황이었다. 술을 먹으면 귀가가 늦거나 혹은 집에 들어오지 않는 일들이 반복되었다. 급기야 남편은 10개월이라는 기간을 가출하면서 도박과 음주를 즐기는 생활을 하면서 온갖 거짓말로 김씨를 속인다.

김씨는 점점 위축되며 집에만 있는 시간이 늘고 인간관계를 잘 못하는 사람이 되어갔다. 결혼 전, 직장생활 할 때에 나는 별명이 마당발이었는데.

그런 이유로 어느 해는 1년 동안 두통약을 복용해야했고 밤에 잠을 자지 못하는 날들이 이어졌고 주말이 오는 것을 두려워하였다.

그나마 두 아들이 큰 의지가 되었으나 요근래 큰 아들은 아버지의 편을 들며 이런 상황을 대변하는 일까지 스트레스로 작용한다.

집에 들어오면 방과 거실을 오가며 가만히 앉아서 있는 것을 못하였고 많은 생각들로 마음은 안정을 찾지 못하였다.

항상 불안해서 집안에 혼자 있거나 가족이 있을 때도 불안해 이유 없이 왔다갔다, 이것저것 잡았다 놓았다를 반복하였고 한 가지에 집중을 할 수 없게 되었다. 주도적인 자신의 삶을 살지 못한 김씨는 변화하여 자신을 살리고 싶어 한다.

김씨는 나름대로 많은 노력을 하고 있었다. 치매어르신들을 모시는 복지시설에 사무직으로 일하고 있었으며 새벽마다 영어성경을 필사하고 있었고 성당에 나가 성가대에 참여하고 볼링동호회에 남편과 함께 참여하는 활동도 하였다.

그러나 남편과의 사이가 좋지 못한 것들이 성당과 가족과 동호회 활동을 괴롭게 만들었고 점차적으로 관계성에서 자신감을 잃어가는 모습을 만들었다.

어떤 배움을 시작하였나!

첫째, 매주월요일 저녁 7시부터 9시까지 진행되는 서양철학자 헤라클레이토스와 노자의 그룹독서모임(6명 내외)에 참여하다.

둘째, 개인창의수업 8회 코칭에 참여하다.(사진, 콜라주, 재활용수업, 영상만들기 작업 등)

셋째, 개인독서코칭 30회 참여하다.(책 읽는 방법, 그림으로 자기표현하기 등)

어떤 변화가 시작되었나!

첫째, 자기를 낮추는 말을 하지 않게 되었다. 늘 습관처럼 말끝에 하던 말(멍청해서요)이 현저하게 줄어들었다. 주변의 나를 괴롭게 하던 일상의 단어들을 하나하나 끄집어내어 정리하고 직면함으로써 상황에 대한 관점이 바뀌고 감정과 행동이 따라 바뀌는 변화를 보이고 있다.

둘째, 누군가 질문을 하면 평균 7초 이상 걸리며 답변을 하고 혹은 답을 말하지 못하고 타인에게 미루던 대화형태가 바뀌기 시작하였다.
평균 3초 이내에 답을 말하는 빈도수가 늘기 시작하였다.

셋째, 자신의 생각을 말하기 시작한다. 이솝우화토론을 진행하면서 자신의 생각과 감정 혹은 과거의 경험들을 연결하여 말하는 시간들이 길어지고 있다.

넷째, 자기주장을 하면서 자신감을 갖게 된다. 독서토론과 이미지를 통해 자신의 감정과 사고를 표현하고 만드는 과정을 습득하면서 자기주장이 하나씩 늘기 시작하고 자심감도 높아지는 변화를 보인다.

다섯째, 얼굴의 표정이 바뀌기 시작한다. 근래에 진행하는 독서모임에는 자주 웃는 모습을 보인다. 옷을 입는 색깔도 밝아졌으며 머리스타일도 변화를 주어 이미지 메이킹을 하는 변화를 보인다.

여섯째, 타인의 말을 경청하기 시작한다. 이제 자신의 주장을 하는 것에서 벗어나 타인의 말을 듣고 자기 생각을 말하는 상황들이 독서모임에서 많아진다.

일곱째, 친구들과의 만남이 시작됩니다. 오랫동안 만나지 못했던 친구들을 만나기 시작하며 있었던 이야기들을 독서모임에 늘어놓기 시작합니다. 자신의 이야기가 없이 늘 남편과 자식의 대한 이야기가 전부였던 것에서 조금씩 벗어나기 시작합니다.

여덟째, 남편에 대한 행동을 다르게 보기 시작합니다. 그동안 해오던 남편의 행동들을 자신의 탓으로 돌리며 자신이 건강해지는 관점을 갖고 남편을 대합니다. 남편의 10가지 행동 중에 몇가지 잘못으로 전부를 깎아내리는 대화를 줄여갑니다. 친척들이 있는 자리에서 남편의 기를 세워주며 자신의 의견을 표현하기 시작합니다.

아홉째, 이제는 집안에서 방과 거실을 오가며 불안해하거나 서성거리지 않아도 괜찮습니다. 조용히 한 장소에서 책을 보며 시간을 보내기 시작합니다. 집에 들어가는 것에 걱정이 없어졌습니다.

열 번째, 배우고자하는 것들이 생겨나기 시작합니다. 그동안 어딘가에 숨어 지내던 무의식의 자아를 발견하고 직면하며 세상밖으로 나옴으로써 호기심과 성취에 대한 동기가 생겨나기 시작합니다.
영어회화를 배우기 시작하고 동양화 그림을 그리며 유럽여행을 계획합니다.

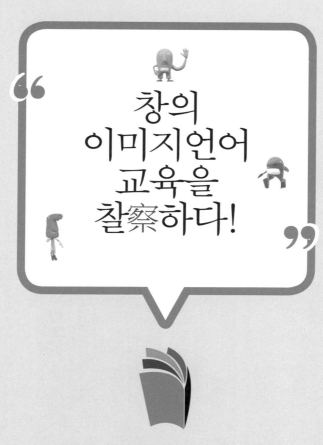

창의
이미지언어
교육을
찰察하다!

:: 창의 'S' 이론 creativity ability theory
:: 창의순환이론 circle theory
:: 이중부호화 이론 dual coding theory
:: 스키마 이론 schema theory

Fair Start for Children

창의 'S' 이론[8] *Creativity ability theory*

🔻 **창의이미지언어의 지식형성단계를 따라가라!**

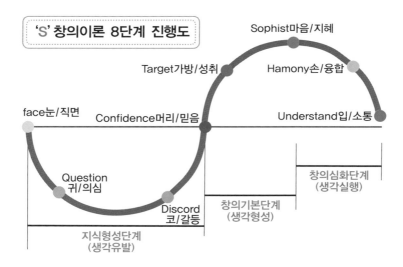

1. 이미지언어가 형성되는 단계

첫 번째 단계 》 〈직면face역량을 눈eye〉으로 느껴라!

일상에 익숙해진 고정관념은 누구에게나 있다. 그 때문에 자신의 문제를

---

8) 명지대학교 권일남(청소년지도학)교수가 개발한 '청소년 활동역량이론'을 기반으로 창의
성과 통찰력을 융합하여 저자가 정리한 창의역량 이론모델.

정확하게 바라보지 못하고 회피하는 경우가 많다. 우리는 항상 무엇에 직면했는지 잘 바라보는 훈련을 해야 한다. 내가 갖고 있는 일상의 고정관념이 무엇인지를 정리하는 것이 내 직면의 범위가 된다. 그러나 문제를 정확히 보지 못하면 그 문제를 해결할 수 있는 접점contact을 찾기란 어려운 일이 된다.

문제는 계속 일어나며 회피는 계속 반복된다. 편안하고 익숙한 자기만의 틀frame에서 벗어나기란 이처럼 어렵고 힘든 일이다.

내가 지금까지 가장 잘 한다고 자부하고 자랑하던 것들을 내려놓는 일도 쉽지 않다. 그 동안 선택해온 나의 해결방법들에 대해 불일치discord를 발견했을 때, 사람들은 긴장하고 위축되며 공격적인 반응을 보인다. 그러나 그 직면의 시작이 없다면 학교나 직장에서 만나게 되는 모든 관계성에서 타인들로 하여금 참여를 스스로 거부하는 경험을 하게 된다.

〈상상력 이미지언어〉는 생각을 현실의 이미지로 그리는 상상기호를 통해 마음의 눈을 뜨게 해주는 반복적 사고를 학습하도록 도와준다.

두 번째 단계 》 〈의심uncertain역량을 귀ear〉로 들어라!

대한민국은 한해에 약 10만부 정도의 신간을 쏟아낸다. 많은 사람들이 책속에서 얻은 정보들을 너무 신뢰하여 타인의 말을 잘 듣지 않는 기준을 만들기도 한다. 이것은 가끔 의사소통의 장애를 만든다. 기존에 습득한 지식이 내 생각과 어떻게 다른지에 대한 비교기준을 꼭 거쳐야 한다. 그 기준이 없다면 그 생각은 그저 책속에 정보일 뿐이다. 그 지식이 내 삶에 어디쯤에 있는지 우리는 잘 알지 못한다. 습득된 지식이 명확하지 않다면 질문으로 이해하는 노력을 해야 한다. 이것을 위해 먼저 '의심'이라는 개념을 긍정적으로 받아들여야 한다. 자신의 것만 열심히 준비하고 상대방의 것을 잘 귀담아 듣지 않는다면 균형 있는 정보의 데이터들을 갖지 못하게 된다.

이는 관계성을 맺고 있는 친구와 직장동료 사이에서 소통의 장애로 나타나며 대화의 단절을 경험하게 된다. 상대방도 나를 신뢰하지 못하는 의심이 전이metastasis된다. 이렇듯 한방향의 정보습득은 의사소통의 단절을 주며 학교나 직장에서 활동하는 동아리와 공동체에서 이탈하는 이유가 된다.

〈상상력 이미지언어〉는 과거에 배운 경험들을 기반으로 갖고 있는 지식들을 활용하여 생각을 깊이있게 하는 습득이 되기 시작하면 곧 기존에 갖고 있던 지식들에 의심을 갖기 시작한다. 의심이 들었다면 그 답을 말해줄 누군가에게 무엇이든지 묻는 것은 당연한 반응이다.

공자도 많은 제자들에게 결국 물음을 통해 답을 찾게 하는 깨달음으로 최고의 가르침을 주지 않았던가! 앎을 추구하여 얻는 즐거움의 욕구는 인간의 기본적인 본성이라고 아리스토텔레스도 말하지 않았던가!

그러나 한가지의 정답만을 찾아온 우리 교육이 배움의 환경 속에서 질문을 어색하게 만들었다. 배움 속에서 중요한 꼭 알게 만들어주는 질문의 핵심가치를 밀어내 버렸다. 이것은 누군가에게 질문을 통해 답을 말하는 자연스러운 배움에 두려움을 갖게 한 것과 같다.

결국 창의적인 배움은 상대방의 말을 깊이 있게 듣고 잘 이해해야 그 핵심을 묻고 답을 찾을 수 있게 하는 배움이다. 이 사실을 잘 알고 직접 해보려는 경험과 용기가 필요하다.

배움에 치열하게 질문하는 자만이 그 물음에 본질을 상대방에게서 알아낼 수 있기 때문이다.

소크라테스의 유명한 산파법産婆法[9]은 결국 답을 말해주지 않고 제자들에게 물음을 통해 스스로 답을 찾도록 끈질기게 질문하는 배움이 아닌가!

---

9) 그리스의 철학자 소크라테스가 대화에서 사용한 교수법. 대화법으로 진리 탐구 방법

자기중심성으로 모든 문제를 바라보면 무엇이 문제인지 몰라 왜곡된 시각이 커져버린다. 이것은 곧 갈등으로 나타나는 데 자신의 감정을 다루지 못한 결과로 나타난다. 주로 일상의 관계성에서 친구나 혹은 동료 간에 소통에서 겪게되는 감정불이해의 문제로 드러난다.

대한민국 청소년들에게 특히 부족한 역량이 두 가지 있다. 그것은 갈등 조절과 문제해결역량이다. 이것은 청소년뿐만 아니라 어른에게도 부족한 역량들이다. 3초의 갈등을 조절하지 못해 분노로 이어지는 일들이 많고 그로인한 사건사고들이 연일 뉴스에 등장하고 있다. 부부문제, 친구간의 문제, 직장 상사와 동료 간의 문제, 스승과 제자의 문제 등에서 발생한 갈등이 폭력으로 나타나고 있다.

결국 문제를 바라보는 시선이 상대방에게 있지 않고 내게만 고여 있기 때문에 나타나는 현상이다. 자기중심적인 생각을 버려야 한다. 생각을 깊게 할 수 있다는 것은 그 속에 깊은 본질이 무엇인지 안다는 것이다. 이는 사물이나 상황속 에서 일어난 일들에 변화를 갖도록 도와주는 힘이 된다.

기존의 지식들과 결별을 고해야 할 일이 일어난다. 결별을 고하는 일이 많아질수록 이후에 배움은 큰 변화와 차이로 나타난다. 나의 주관보다는 객관적인 타당성을 기반으로 타인을 배려하는 대안 제시가 몰라보게 늘어난다. 이는 관계의 갈등감정을 편안하게 풀어주는 열쇠가 된다.

오랫동안 학교에서 배웠고 어릴 적부터 익숙해진 공부와 독서방법들로 부지중에 익숙해진 습관이 있다. 그렇게 축적된 지식들이 내 삶에서 어떤 변화를 갖게 되는지 소통을 할 때 어디쯤에서 어떤 역할을 하는 역량인지 경험해야할 필요가 있다. 그래야 내 것으로 정리가 되는 것이다.

어떤 것들이 남아있고 어떤 것들이 무의미한 기준인지 정하는 일상이 반드시 있어야 한다. 결국 그 기준에서 세워지는 가감加減을 통해 우리는 삶의 목표를 갖고 새로운 방향성을 찾게 된다.

 TIP 창의이론의 역량정리

이미지언어가 형성되는 단계

〈상상력 이미지언어의 지식이 형성되는 단계〉에서는 일상에서 자주 사용되는 핵심단어들이 제시된다. 그 주제들을 활용하여 상충하는 생각들을 끊임없이 떠올려야 한다. 창의S이론에 등장하는 '직면 face'과 '의심uncertain'과 '갈등discord'이 주요 연결역량들이며 청소년이나 참여하는 교사와 청년들에게 자연스럽게 적용시켜 충돌하는 사고의 훈련을 하도록 반복해야한다.

핵심단어들의 속성을 토론하며 3개의 상상력 이미지로 그려보고 발표함으로써 의미를 알아가는 과정 속에 깊이 있는 사고유발을 체험하며 이해한다.

우리가 일상에서 흔히 쓰는 단어들이기에 오히려 생각을 새롭게 바꾼다는 것은 어려운 일이다. 고정관념의 기준들이 이미 생겼기 때문이다. 자기 생각 속에 편안한 기억으로 저장된 지식은 좀처럼 바꾸려하지 않고 유지하려는 항상성恒常性이 있다. 그런 이유로 좀 더 치열한 사고로 자기의 기준을 세우지 않으면 늘 타인의 정의속에 내 생각을 맞추는 사람이 될 수밖에 없다. 그런 이유로 우리 주변에 자주 쓰는 단어부터 이미지언어로 자기화하는 훈련을 해보는 것이 중요하다.

통찰력을 갖게 도와주는 철학이나 인문고전의 이야기들은 말이나 글로 정확히 설명할 수 없는 것들이 대부분의 특징이다. 결국 마음속에 믿게 되는 것들을 잘 정리해서 그 의미가 내 것이 되게 할 필요가 있다.

감각을 열어 이미지언어를 활용하면 어려웠던 고전의 의미들이 조금씩 정리되기 시작한다. 이것을 도식화시켜 종이위에 문장으로 표현하는 것도 반복해야할 내용이다. 그러면 단어의 깊이있는 의미사고를 알게 되며 자신의 생각도 자유로워지는 것을 알게 된다.

Fair Start for Children

2. 이미지언어의 지식을 확인하는 단계

네 번째 단계 》 〈믿음faith역량은 머리head〉로써 이해하라!

학교에서 배운 자신의 지식을 신뢰하는 배움과 행함이 오랫동안 반복되어 익숙한 습관으로 형성된 마음이다. 최고의 커뮤니케이션으로 소통할 수 있는 지식이 믿음인지 아닌지를 체크해보는 단계이다.

논어를 100번 정도 읽은 청년이 있다면 아마도 자신 있게 공자의 생각이 내 것이 되었다고 착각할 것이다. 그러나 인문고전은 지식을 축적하는 학문이 아니다. 그것이 진정, 자신의 지식과 지혜라고 생각하는 것은 옳은 판단이 아니다. 공자의 생각에서 분리된 결과물을 찾아야한다. 그전에는 결코 내 것이 될 수 없다.

우리는 책을 선택하고 읽는 속에서 작가의 의지와 신념체계를 먼저 찾아내야 한다. 책속에 내용들이 내 지식의 전부로 전이轉移되는 것은 피해야 한다. 종종 책에서 읽은 작가의 생각을 최고의 진리로 주장하는 청년들을 본다. 책을 쓴 작가도 자신의 신념을 정리해서 쓴 것뿐인데 말이다.

끊임없이 책속에서 작가와 상충되는 내 자신의 생각기준이 있어야하고 그 차이를 그려가며 정리하고 싸워야 한다. 그래야 그 책에서 찾아야할 것이 무엇인지 가려낼 수 있고 자신이 하고자하는 꿈과 미래에 다가가는 데 필요한 배움에 집중할 수 있다. 상상력 이미지언어는 책속의 작가와 싸울 수 있는 믿음과 차가운 머리를 줄 것이다.

다섯번째 단계 》 〈성취동기achievement motivation' 역량은 마음
heart〉으로 받아들여야 시작된다

상상력 이미지언어를 통해 얻게 된 통합적 사고는 다양한 분야에서 '배움의 호기심과 궁금증'을 갖게 한다. 이것은 깊은 호기심과 궁금증을 기반으로 배움을 습득해가는 것들이 점점 많도록 이끌어준다. 그 기반이 내 삶의 목표와 연결될 수 있도록 정리하고 정확한 진로방향을 배움의 뜻(지우학)으로 세우면 통찰력에 이르기 위한 배움의 성취동기는 온전히 채워진다.

결국 마음속 생각을 통해 정리된 배움과 삶의 방향성(폿대)이 같은 목표물을 향해 가야한다는 말이다. 그래야 성취동기가 튼튼한 토양에 잘 심어지고 열매를 맺는데 유리한 기반을 갖게 된다.

성취동기를 통해 '무엇을 얻고자 하는가?'에
궁극적인 질문이 배움의 목표를 명확하게 한다.

청소년들과 청년들의 배움은 대부분 어디로 가야할지 모르고 무작정 읽고 외우는 공부를 하고 있다. 내가 오르려고 하는 산이 아닌 데 열심히 오르고 있는 모습이다. 배움이라는 것은 무엇을 이룰 것인가를 먼저 설정하고 그것을 이루기 위해 行行하는 수단tool인 것이다. 어디로 가야할지 목표를 정하지 않고 열심히 달리는 마라톤 선수를 생각해보라! 얼마나 비효율적이고 우스꽝스러운가!

어떤 모양으로든 종착점에 도착하겠지만 다시 시작하거나 포기해야하는 결정이 기다린다. 정확한 방향성을 갖고 뛰는 사람들의 목표는 노력한만큼의 효과성을 갖는다. 종착점에 도착함과 동시에 또 다른 대회를 계획

하고 나아갈 추진력을 갖게 된다. 이런 사유로 성취에 대한 개인적인 시간과 밀도에 차이가 생기기 시작하며 성취한 열매의 차이가 나타나기 시작한다.

대형서점에는 1년에 수많은 책들이 신간으로 나온다. 대략 연간 10만권 정도가 된다는 기사를 본다. 그중 1년에 1%만 읽는다 해도 1,000권이다. 일이 있는 직장인, 공부하는 학생, 가정이 있는 주부들이 연간 1,000권을 읽는 다는 것은 불가능한 일이다. 그러나 결국 연간전체 신간 중에 1%밖에 되지 않는다. 99%의 책들은 제목도 알지도 못한 채 사라진다. 그런 이유로 무엇을 위해서 어떤 책을 어떻게 읽어야하는지 정리하고 도서를 선택할 필요가 있다.

결국, 효과적으로 책을 리딩하는 방법은 작가가 책에서 말하고자하는 것이 무엇인지 집중력 있게 파악하는 것과 내 기준에 필요한 정보를 가려내는 것에 있다.

서울대학교에서 추천하는 권장도서 목록이나 남들이 읽는 베스트셀러라고 꼭 읽을 필요가 없다는 말이다. 내가 읽어야 할 도서목록은 내 성취동기에 부합한 정보들이 있는 책이 될 것이며 그것은 누군가 읽고 좋다고 추천해줄 수 없는 것이다. 오직 자신만이 정리된 추천도서목록을 정할 수 있는 것이다.

Fair Start for Children

3. 이미지언어의 지식을 소통하는 단계

여섯 번째 단계 》 〈지혜sophist역량은 손hand〉의 기능과 연결된다

마음속 생각을 이미지언어로 표현하면서 얻게 된 조화로운 사고와 감정과 의지는 통합적 지식의 지혜를 만들어준다. 자신도 알지 못했던 경험을 가지면서 이후에 재구성되는 내 생각을 독창적 사고로 생성시켜준다. 사고의 반복은 결국 사람들에게 일상의 行행함들을 반복해주는 단계로 이끈다. 우리 몸에 손은 하나가 아닌 두 개다. 타인을 돕는 행함에 창의적인 지혜를 쓰는 일들은 결국 타인과 세상의 일들에 조화롭게 하모니를 이뤄가는 균형임을 배우게 된다.

타인에게 관심을 갖고 나눔에 동참하는 배움의 行행은 원형적 사고나 병렬적 사고로는 가질 수 없는 사고들이다. 통합적 사고로 훈련된 창의적인 사람만이 갖고 있는 향기이며 이 향기는 만리(인향만리, 덕향만리)를 간다는 사람의 덕德으로 나타난다.

빌게이츠 & 멜린다 재단입구엔 이런 문구가 쓰여 있다.
〈창의적 재능은 나눔을 위해 습득되어야 한다!〉

지혜의 즐거움이란 타인을 위해 어떤 결정을 내릴 때, 생성된다는 의미이다. 나눔을 만들고 행동으로 옮길 때 창의적이며 독창적인 사고를 갖고 있는 청소년들은 모든 관계의 집중력과 깊이를 상승시키며 행복한 삶을 만드는 배움을 갖게 된다. 그래서 통찰력 있는 사람들의 삶은 지혜롭고 편안하고 행복한 것이다.

다양한 배움이 수많은 관계성과 연결되면서 겪게 되는 갈등상황을 분석하고 해결하는 통합적 사고의 능력이 일상에서 나타나는 단계이다.

융합은 다양한 분야의 관심과 궁금증에서 시작된다. 일상의 관심들을 잘 모아서 하나의 아름다움으로 통합시키는 역량에는 반드시 선험적 통각[10]이 분명하게 훈련되어 있어야 한다. 이것이 상상력 이미지언어이며 그것이 남들과 다른 나만의 관점을 갖게 한다.

이런 관점이 부족하여 반대로 삶에 많은 문제와 갈등에 대해 다양한 해결점과 아이디어를 갖고 있지 못하다면 그 이유를 융합역량에서 찾길 바란다.

누구나 책을 읽고 토론하는 과정에서 다양한 사고들이 조합되는 것은 아니다. 특히 한 단어에 3개의 상상력 이미지언어를 그렸다고 해서 그것이 본질사고라고 100% 말할 수는 없다. 그저 제시된 단어에 예측되는 일상의 이미지들만 그린다면 융합사고는 만들어지지 않는다.

청소년들은 자신의 생각만을 강하게 주장할 때 자신이 돋보인다고 생각한다. 타인의 의견을 받아들이는 순간 자신이 지고 있다고 판단한다. 그래서 다른 친구들이 낸 의견을 무시하고 꼭 이겨야하는 싸움처럼 말하는 공격적인 청소년들이 있다. 타인을 인정하면 자신이 더 돋보이게 된다는 융합사고를 갖지 못하는 결과가 나타난다. 융합된 사고역량이 없는 상태에서 지식만을 성장시킬 때 나타나는 불균형은 배움의 효과성을 현저히 떨어트린다. 그것은 오히려 더 견고한 자신의 지식체계를 고정관념의 벽으로 만든다.

내게 필요한 갈등과 문제의 답은 대부분 타인의 생각을 내 것에 융합시키는 통합적 관점에서 나온다. 지식이 홀로 고여 있어 깊어진다고 해결되

---

10) 생각을 덧붙이다.

는 것이 아님을 알아야 한다.

소통의 세상으로 뛰어들어 발로 뛰며 내 생각을 타인에게 전하고 받아들이는 창의적 융합역량을 키우는 훈련을 해야 한다.

여덟 번째 단계 ≫ 〈소통understand역량은 겸손한 입mouse〉으로 실현

상대방의 수준을 배려하는 언어선택의 탁월한 기준은 어디까지 일까? 누군가에게는 너무도 쉬워서 쉽게 사용하는 말이지만 누군가에게는 생소하여 어려운 소통일 수 있다.

특히 전문분야에 종사하는 사람일수록 소통하는 방법에 배려를 해야 한다. 결국 소통은 창의S역량의 절정단계에서 해야 할 과제이다. 그런 측면에서 우리는 어린아이와 같은 수준으로 단어를 선택하고 소통해야 한다. 어려운 단어와 전문용어들로 소통의 수준을 높이면 누구도 대화에 참여할 수 없는 혼자가 될 수 있다.

깊은 사고를 한다고 해서 깊은 이야기로 말을 한다면 아무도 알아들을 수 없는 소통이며 누구나 편하게 참여하는 일반적 모임과는 어울리지 못하게 된다.

대한민국 전체인구 중에서 0.1%가 읽는 책이 인문고전이다. 일상에서 만나는 평범한 인간관계에서 인문고전을 이야기한다는 것은 99.9%의 사람들을 배려하지 못하는 일이다. 소통이라는 것은 내 생각을 타인에게 유연히 흘려보는 것이 목적이지 어렵게 이야기하여 상대가 알아듣지 못하는 것은 아니다. 이제 우리는 일상의 모든 관계성에서 소통의 수위를 조절하고 타인의 수준을 인식하여 적용시키는 겸손한 소통방법을 습득해야 한다. 아울러 잘 적용시키려면 상대를 빨리 이해하고 쿠션이 되는 말들을 때에 맞게 표현하는 스킬을 알아야 한다. 이 스킬이 인간관계의 효과적인 시작임을 안다면 말이다. 그런 측면에서 전문직종에 종사하는 사람들의 일

상대화는 더욱 유연할 필요가 있다.

　의사나 변호사 및 소프트웨어 개발자들이 사용하는 언어들은 어떤가? 분명히 한국말임에도 의학사전을 봐야하고 법학사전을 살펴봐야할 때가 있을 정도로 어렵다. 그들이 가끔은 외계인처럼 느껴질 때도 있다. 법정과 일반모임을 구분하지 못한다면 참으로 슬픈 일이다. 누가, 얼마나 알아듣 겠는가 말이다.

　우리가 읽어온 인문고전은 어떤가? 어려운 한문도 알아야하고 적어도 몇 백년에서 몇 천 년이 지난 그 당시 의미도 알아야 한다. 원문과 해석이 없는 책의 문장은 몇 번을 읽어도 그 뜻을 이해하기가 어렵다. 그래서 참 으로 읽기 어려운 것이 인문고전이다.

　결국, 자기만의 깊이 있는 언어가 많음보다 그것을 소통하는 방법을 아 느냐가 더 중요하다는 것이다.

창의순환이론 *Circle theory*

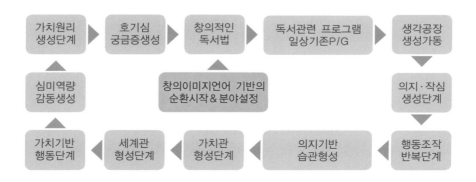

---

1 단계 》 독서교육 속에 관심분야설정 / 직면단계
• 내게 관심이 있는 분야의 호기심과 궁금증이 시작되는 단계

2 단계 》 새로운 교육의 개념정리 / 의심단계
• 1단계에서 유발된 관심분야의 호기심과 궁금증을 알아가는 개념적 정의를 내리고 정리하는 단계

3단계 》 독서교육 및 훈련참여 / 갈등단계
• 2단계에서 정리된 개념에 필요한 독서교육 기술과 습득을 위해 배워야 하는 프로그램을 배워가는 단계

10 단계 》 생각공장 & 작심으로 이끄는 믿음단계

- 3단계에서 궁금증과 호기심을 채워주는 교육 프로그램 관련 끊임없이 생각을 만들어내는 단계

5 단계 》 행동의 성취단계

- 4번째 단계에서 정리된 개념과 사고를 통해 끊임없이 떠오르는 생각들을 통해 작심한 감정(의지)에 대해 행行하는 단계

6 단계 》 습관형성의 지혜단계

- 5단계의 행동들이 무한반복하면서 습관을 갖게 되는 단계

7 단계 》 가치관과 세계관의 융합단계

- 습관들이 모여 세계관과 가치관이 융합되는 단계

8 단계 》 세계관을 통한 감동단계

- 7단계의 융합단계를 통해 타인과 세상을 위한 행함으로 주변에 감동을 주는 시각과 관점이 형성되는 단계

9 단계 》 가치와 원리는 만드는 초월적 믿음단계

- 무엇을 바라보던 초월적 역량을 통해 관심분야의 가치와 원리를 알아가는 자신의 믿음이 생기는 단계

10 단계 》 독서로 소통하는 새로운 배움의 단계

- 독서교육을 가르치고 나누는 일상의 소통으로 새로운 궁금증과 호기심을 찾는 배움이 다시 시작되는 단계

이중부호화 이론 *Dual coding theory*

책속의 글을 읽으면서 인지하는 시각 부호와 어문 부호를 활용하여 표상하면 기억이 향상된다는 이론이다. '낮잠'을 부호화할 때, '낮잠'라는 단어뿐만 아니라, 심상(그림, 소리 등)까지 같이 기억하는 경우에 심상이나 단어 중 하나만 인출해도 그 항목을 재생할 수 있다. 즉, 하나의 핵심(근원)단어에 표상하는 두 개의 기억 부호를 가지면 하나의 기억 부호를 갖는 것보다 그 항목을 재생할 확률(2배 이상)이 증가한다.

스키마 이론 *Schema Theory*

학습과 기억이 스키마에 기초한다고 보는 인지이론으로 과거의 배경지식이 현재에 새로운 배움에 관련되어 있다는 이론으로 From, Shape를 의미한다. 선험적인식의 핵심개념*Kant*으로 언급하였다. 인간의 감각과 범주화된 지성을 이용하여 대상을 인지하는 과정에서 이 둘을 연결시켜주는 매개체가 필요하다. 또한, 스키마는 인지의 범주에서 지성의 기능에 감성의 선험적인 형식적 조건도 함유한다는 매개물을 말한다.

STP CARD story telling

· · ·

지난 주 애진이는 학교에서 급식당번을 하다가 친구 2명이
된장국을 떠주다가 팔이 부러지고 인대가 늘어났단다.
국자가 너무 무거웠나봅니다. ^^

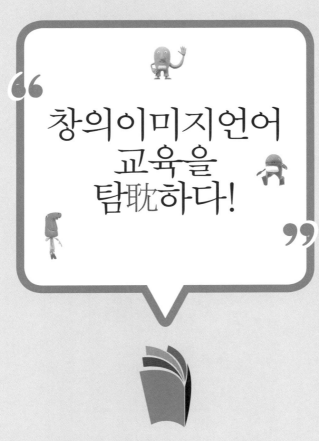

창의이미지언어 교육을 탐眈하다!

:: 창의이미지언어 75일간의 여행

• • •

아동, 청소년, 학부모, 교사, 직장인 독서회원이
매주 진행되는 창의인문 독서코칭 교육을 통해
창의이미지언어를 활용하여 창작한 내용입니다.

• • •

Durability

작품명 : 흐름 flow

작품명 : 충돌 collision

작품명 : 집중 concentration

〈지속성〉 어디에서 오는가!

늘 하던 대로하는 아이들이 늘고 있다.
아침에 일어나면 학교에 가고
학교가 끝나면 학원에 가고
학원이 끝나면 다시 집으로 온다.

1교시 듣고 적고 외우고
2교시 적고 듣고 외우고
학원에 가서 다시 듣고 적고 외우고
학교교사와 학원강사의 강의를 듣고 적고 외우는 청소년들
언제 하던 대로 하던 일을 멈출까?

익숙한 흐름을 깨는 충돌, 그것에 집중할 때
아이들의 지속성은 나타나기 시작한다.

Flower

작품명 : 벌 bee

작품명 : 나비 butterfly

작품명 : 해 sun

창의 리더여~
상상력의 절정은 마지막에 온다

고등학교 1학년 청소년에게 물었다.
'꽃' 하면 생각나는 이미지를 3개 그려보렴.
청소년은 벌과 나비와 해를 그렸다.
이유를 물었다.
벌과 나비는 꽃과 가장 가까이 있는 친구이며
해는 꽃의 생명을 살려주니 소중해서 그렸단다.

조금은 심심하게 흘러간다.

그러다가 마지막 질문에 모두가 웃는다.
3개의 그림으로 꽃과 연관된 제목을 만들어볼까?
네, 제 작품의 제목은 '꽃의 밥줄' 입니다.

Fragrance

작품명 : 길 way

작품명 : 눈 eye

작품명 : 두통 headache

창의 리더여~
만리萬里를 가는 향기를 지녔는가!

두통이 오면 눈에 보이지 않는
향기들이 더 진하게 다가온다.

'인향만리[11]' 라는 말이 있다.
이것은 사람의 향기가 만 리를 간다는 말이다.

향기에도 길이 있다.
그 길道은 눈에 잘 보이지 않는 일상의 덕德스러움으로 풍겨난다.
가끔 나는 일상의 일로 두통이 심할 때
평소에 맡지 못하던 대지大地의 냄새들을 맡는다.
두통이 두려운가!
사람의 향기를 찾는 힌트로 즐길 일이다.

---

11) 인향만리(人香萬里), 사람의 향기가 만 리를 간다.

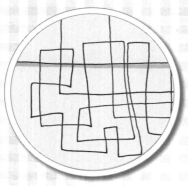

작품명 : 수면 surface

작품명 : 모서리 edge

작품명 : 지면 paper

창의 리더여~
수면위에 드러난 것을 선택하려면
작은 지면의 모서리를 살려야 한다

핵심적인 것들의 대부분은 숨겨져 있고 외부로 나타나 있는 것은
극히 일부분에 지나지 않는 다는 "빙산의 일각"
그래서 사람들은 밖으로 드러난 것보다 그 속이나
밑바닥에 숨어있는 것에 더 집중한다.

리더는 가끔 예상하지 못한 것을 예상해야하고
일탈을 즐겨야하는
창의적 사고에 직면해야 한다.
그러나 세상은 주어진 일상의 틀에만 반응한다.
이제 우리는 수면위에 드러난 작은 것에 귀를 기울이고
모서리의 예리함을 살리는 관점에 집중해야한다.

Small

작품명 : 관찰 observation

작품명 : 집중 concentration

작품명 : 확장 extend

작은 것은 향기를 맡아야 확장된다

작은 것을 크기로만 판단하는 시각에
크게 의존하는 인간의 한계.

사선 속에 숨어 있는 별빛이 보이는가!
곡선 속에 풍기는 별빛의 향기가 맡아지는가!
무의식의 감각으로 관찰하지 않으면
작은 것에 확장은 쉽지 않다.

중심을 찾는 흐름 속에서 작은 변화를 찾아내자.
모든 것들이 하나로 집중되며 회전하는
흐름속에 핵심을 찾는
새로움의 확장이 있기를 기대한다.

배움의 흐름을 알고 리딩하라!

순환이론 Circulation theory

가치원리 생성	호기심 궁금증	[개념정의] 감각을 여는 독서법	[개념정의] 훈련 p/g	생각공장
감동생성		**순환의 시작 분야 설정**		의지작심
행동시작	**가치관형성**		**습관형성**	**행동시작**

독서를 통해 많은 배움을 가질 수 있다는 것은 누구도 부인하지 않는다. 누구나 독서를 통해 지식과 지혜를 채워갈 때, 몸에 익혀야 할 것이 무엇인지 알아야 한다.

무작정 많은 책을 읽는다고 해서 좋은 것은 아니다. 그럼에도 어릴 적 우리는 전집서적(30부작 이상)들을 흔히 읽었다. 사람들은 일상에서 생긴 관심을 채우기 위해 독서를 한다.

혹은 내 관심사가 무엇인가? 질문을 던지고 가보는 곳이 대형서점이다. 그렇게 찾은 책을 리딩하면서 관심사에 관련된 정보들을 얻기 시작한다. 책의 마지막장을 넘기며 우리는 호기심이 해결되었다는 착각을 한다. 그것은 원형적 사고를 키워주는 정도의 독서방법이다.

원형적 사고는 어린아이의 사고수준을 말한다. 성인이 원형적 사고를 갖고 있다면 어떻게 될까?

리딩훈련을 잘 받았다면 우리는 생각을 떠올리는 자극을 가동해야한다. 그것을 몸에 익혀야 한다. 이것이 어떤 환경에서도 나를 소통하고 대응해 갈 수 있는 힘이 된다. 물음과 답에 끊임없이 떠오르는 생각은 결국 우리에게 아주 강력한 해결의지를 갖게 한다. 이 해결의지는 누구나 행동하는 동기를 부여해 준다.

대부분의 사람들이 이 행동에 지속성을 갖지 못한다. 다이어트를 한다. 인문고전을 읽는다. 영어를 공부해본다. 담배를 끊는다. 등이 지속성을 갖지 못하는 좋은 예다. 지속적인 행동이 유지될 때 우리는 병렬적 사고를 통해 자기 영역에 핵심을 갖게 된다. 핵심지식은 전문기술을 갖게 하며 프로라는 말을 듣게 한다. 지금까지의 인재는 여기에 속해왔다. 그러나 이제는 인재의 영역이 변화해야하는 시기가 왔다.

행동에 대한 좋은 습관은 바른 가치관과 세계관을 키워준다. 긍정적인 가치관을 기반으로 반복되는 사고와 행동은 일상에 감동을 만드는 힘이 된다. 이 과정에서 글로벌 리더도 나오는 것이고 세상의 가치와 핵심원리를 통해 자기 색깔의 특별함을 갖게 되는 것이다.

제시어 》 봄비

Spring Rain

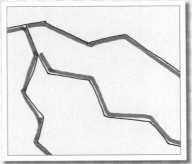

작품명 : 굴절 refraction 근원

작품명 : 소생 revive

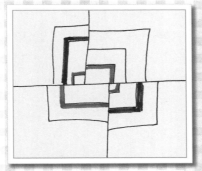

작품명 : 단비 welcome rain

내 생각의 근원을 알게 하는 가치

문명의 근원은 물줄기에서 시작된다.
나일강
유프라테스강
티그리스강
인더스강
황허강
물줄기가 굽이쳐 흐르는 기름진 땅엔
충분한 물이 공급되어 곡식이 풍성하다.
문화공동체의 문명이 소생한다.
그러나 메말라가는 대륙의 땅은 갈라지며
먼지 날리는 고통만이 소생한다.

그곳에 내리는 봄비는
내 생각의 근원을 알게 하고 가치를 소생시켜주는 단비이다.

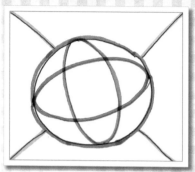

작품명 : 궤도 track

작품명 : 그림자 shadow

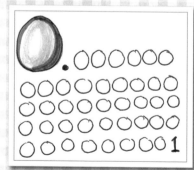

작품명 : 작음 small

작은 것을 관찰하지 못할 때
움직임과 변화는 틀에 갇힌다

일상이 그렇다.
동일한 선line에 삶을 맞추고 사는 청년들
한 궤도로만 돌고 있다는 것을 알지 못한다.

그림자 시각은 그렇다.
누군가가 이미 만들어 놓은 것을
좀 더 크게 만들고 기뻐할 뿐
동일한 것을 보여주는 틀에 갇혀 익숙해진다.

동일한 궤도를 돌며
보여주는 대로 비춰주는 빛의 그림자는
작은 것도 변화시키지 못하는 시각을 갖게 된다.

Connection

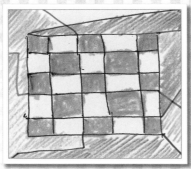

작품명 : 인지 cognition

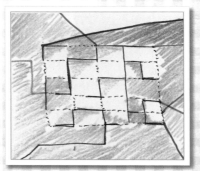

작품명 : 단절 cut

작품명 : 창조 creation

고정관념의 틀이 깨어질 때
창조는 연결고리의 끈을 찾는다

눈 떠서 항상 바라보는 것을 다르게 생각한다는 것은 참 어렵다.
네모반듯하여 명확한 사실일수록 더 그렇다.

청소년들과 청년들은 꿈과 비전을 통해 하고자하는 것에
익숙한 인지認知가 무엇인지 스스로 정리해야 한다.

이미 정형화된 생각이라면 더욱 단절cut하는 용기가 필요하다.
그러면
우리는 스스로 상상할 수 없는 최고의 연결고리를 찾게 되며
정형화된 네모의 인지가 다른 형태의 모양으로
진화되는 코페르니쿠스적 사고의 전환을 갖게 된다.

새로운 생각의 발견(창조)과 연결은 여기에서 끈을 찾는다.

Flower

작품명 : 미소 smile

작품명 : 소중함 valuable

작품명 : 순두부

'꽃' 하면 고등학생이 떠올리는 생각

꽃을 보면 웃음이 납니다.
그래서 사람들의 미소가 떠오릅니다.

축하해야할 일이 있거나
혹은
감사해야할 일이 있을 때
사람들은 꽃을 준비합니다.

아침에 맛있는 밥을 먹고나오지 못해
더 이상 '꽃' 하면 떠오르는 생각이 없습니다.
그래서 아침 밥상을 그렸습니다.

기쁨과 감사의 마음을 전해주는 꽃
그러나 밥이 없으면 ㅠㅠ

창의이미지언어 교육을 探眈하다! **79**

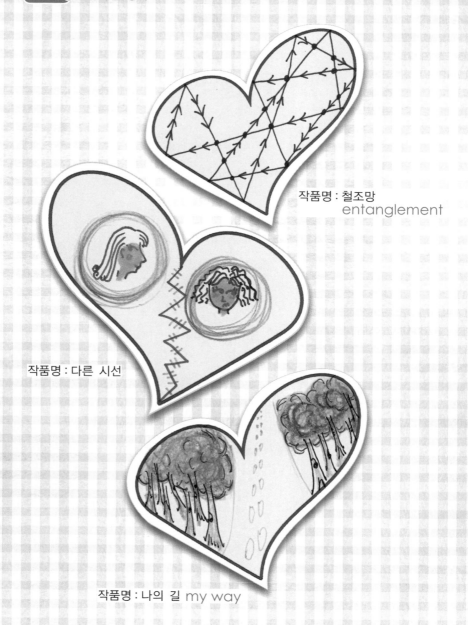

작품명 : 철조망
entanglement

작품명 : 다른 시선

작품명 : 나의 길 my way

미움 받을 용기

가끔, 관계를 맺는 사람들의 이야기가
철조망처럼 차갑고 아픔으로 가득 찰 때가 있습니다.

관계성이 철조망처럼 차가워지면
가장 사랑하는 사람들과
서로 다른 시선을 느끼게 됩니다.

그때서야 스스로를 돌아보는 시간의
필요성을 갖게 됩니다.

결국, 내 잘못인가! 내 문제로 시작된 관계의 깨짐인가!
그것이 내 인생임을 알아가는 과정이
참으로 힘들고 슬픕니다.
그래도 나의 길을 가야겠지요.

창의이미지언어의 4가지 기능을 알아보자!

① **책속의 글과 내 생각을 융합시켜준다.**

- 글의 내용에 내생각의 뼈대를 만드는 일이 필요하다.
- 글을 통한 생각과 지식의 재구성이 필요하다.
- 책을 읽는 사람의 역할과 지식에 의미를 두지 않던 기존의 독서교육의 변화가 필요하다.

- 글을 읽기 전에 핵심단어에 대한 경험과 기억정리가 필요하다.
- 이미지 감각을 살려 리딩하지 않으면 글을 읽는 것은 무의미한 철자들과 같아 전체적인 의미의 구성을 이루지 못해 단기기억으로 가게 된다.
- 과거 경험(배경지식)의 통합을 통해 이해도를 높여준다.
- 글 속 내용에 특정지식을 활성화시켜준다.
- 텍스트를 이해하기 위해서는 단순히 텍스트로부터 내용을 받아들이기만 하는 것은 독서에 도움이 되지 않는다.
- 읽는 사람의 지식경험을 적용하여 이해를 형성해야한다.
- 의미는 문자에 있지 않고, 독자의 머리(기억, 지혜, 경험)속에 있다.

② 글속에 등장하는 단어의 정확한 의미를 만들고 선택하게 한다.

• 글에서 선택한 핵심단어는 여러 의미(다의어)들이 있다. 글의 문맥과 맞는 의미들을 선택하여 이해하는 것이 중요하다. 어떤 이미지언어를 끄집어내느냐에 따라 리딩의 집중도가 결정된다. 독자들은 자신의 경험에 의해 연관된 이미지 속에서 의미들을 선택하고 집중하기 때문이다.

③ 책속의 지식에 중요도를 선별적으로 저장하도록 도와준다.

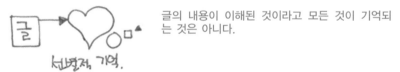

글의 내용이 이해된 것이라고 모든 것이 기억되는 것은 아니다.

• 이미지언어는 정보의 선별적 기억과 흥미로운 연관성을 갖고 있다.
• 비규칙 언어들은 처음 어떤 관점을 만들어주느냐가 중요하다.
  이후에 생각공장에서 관련기억을 찾도록 명령을 내리기 때문이다.
• 글속에서 선별적으로 불러올 기억의 키워드를 정해줄 필요가 있다.

④ 책속의 글로 어떤 이야기가 전개될지 예측하게 한다.

예측은 내용의 이해를 도우며 생각하는 속도를 증가시킨다.

• 독자의 지식낱말에 대한 의미 선택을 신속하게 해주면 글의 예측을 가능하게 해 주고 글 이해를 돕는다.

Flower

작품명 : 꽃길 flower way

작품명 : 방긋방긋

작품명 : 푸르른 잔디 lawn grass

색색의 방긋방긋 웃는 꽃들이 늘어진 들판

바람이 불고 비가 내리면
밤사이에 꽃잎은 거의 땅으로 내려앉습니다.
그 사이로 사람들이 지나며
꽃길이 생깁니다.

비가오고 난 후
꽃들이 방긋방긋 미소를 짓는 것이 싱그럽습니다.

들판, 푸르른 잔디에는
꽃들과 어우러진 작은 풀들이 수다를 떨기 시작합니다.

꽃 by 민재(중3)

Disability

작품명 : 따라쟁이 copycat
어울림

작품명 : 목젖 uvula
충고 advice

작품명 : 감동 moved 생명

장애가 이익을 만들어 낸다!
감동을 따라하는 목젖

창의독서교육연구소의 서양철학 독서모임 헤라클레이토스의 두 번째 경구 '장애가 이익을 만들어낸다' 에서는 〈하던 대로 하지마라〉라는 소주제로 사색에 대한 인문학적 사고를 시작한다.

우리 사회에서 점점 사라져가는 것들 중 하나는 어울림이 아닌가 싶다. 청소년들은 누군가의 말을 듣고 흉내를 내거나 따라하는 것에 익숙해져만 간다.

가정에서도 학교에서도 직장에서도 정해진 틀 속에서 내려진 미션에 의해 어떤 기능을 할 때, 편안해하며 자신의 능력을 발휘할 때가 많다.

성인이 되어서도 결국 책속에 리더십과 지식에 자신을 맞추는 일들로 집중한다. 누군가를 따라하는 것으로는 건강한 어울림을 가질 수 없다. 내 생각과 내 의지와 내가 있어야하는 본질은 누구도 따라할 수 없는 것이기 때문이다.

무엇인가 따라만 할 때 우리에게 장애가 온다.

이솝우화 '나이팅게일과 제비' 에서는 제비가 나이팅게일에게 충고하는 이야기로 우화가 시작된다. 사람들은 어느 때에 충고를 하게 될까?

다양한 사람들의 목젖은 길기도 하고 짧기도 하고 가늘기도하고 굵기도
하다.

말을 부드럽게 하여 혀를 부드럽게 움직여주면 위아래로 목젖이 움직이
지만 소리를 지르거나 언성이 높아지면 앞으로 튀어나온다. 목젖의 움직
임은 목에서 나타나지만 목젖을 통해 흘러나오는 말은 결국 마음속에서
만들어져서 나오는 것이다. 누군가에게 목젖을 드러내는 충고는 목젖에서
나오는 것이 아니라 그 사람의 마음에서 나오는 것이다.

가슴에 담아야 할 것을 목젖으로 내는 충고는 관계의 장애를 만든다.

생명은 누구에게나 존귀한 것이다. 그러나 태어나면서 혹은 성장하면서
갖게 된 장애가 관계를 깨뜨리는 충고된다면 우리는 갈등과 신뢰에 의심
이 많아지게 된다. 깨어진 갈등과 신뢰의 장벽을 우리는 무엇을 푸는가?

진한 감동은 늘 장애에서 올 때가 많음을 우리는 안다.
형태를 깨고 기능을 넘어선 감동을 장애에서 찾을 수 있도록 세상은 창
조되었기 때문이다.
누구에게나 있는 목젖이 감동을 통해 생명을 살려내는 가치에 따라쟁이
가 될 때 삶의 이익은 우리에게 장애를 주지 않을 것이다.

장애는 가끔 우리에게 일상을 뛰어넘는 감동을 준다.

창의코칭 ③

감각에 필요한 선험지식인 근원(핵심)사고는 아동기에 형성된다

　창의적인 스토리텔링에서는 아동기와 청소년기를 12세 기준으로 나누는데 중요한 터닝 포인트가 있다. 귀납적 사고와 연역적 사고를 알게 되는 차이가 생기기 때문이다. 추상적인 사고가 가능해지는 12세는 그래서 아이들에게 평면의 사고와는 다른 입체적 사고가 더욱 집중력과 흥미를 유발시키는데 효과성을 갖는다.

　우리는 청소년에게 경험적 지식과 사변적(논리적) 지식을 구분하여 습득하도록 교육적 배려를 해야 한다.

　결국 어릴 적에는 많은 책속의 이야기들에서 느끼고 생각하는 오감을 통해 많은 경험을 책속에서 배울 수 있도록 해주는 환경이 좋은 것이다. 오감사고가 아동에게 필요한 근원(핵심)사고를 형성해주는 바탕이 되기 때문이다.

　심리발달학에서도 근원(핵심)사고가 형성되는 시기를 아동기로 보고 있다. 책을 한 문장 리딩하더라도 근원적 사고의 경험이 정리된 아이들과 그렇지 못한 아이들은 시간이 갈수록 큰 차이를 보인다. 감각을 갖고 공감하는 것이 여기 해당하는 데 이것은 공동체에 리더가 되기 위해 가장 필요한 역량이기도 하다.

제시어 ≫ 차이

Disability

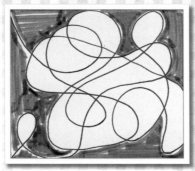

작품명 : 배경 background

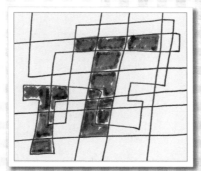

작품명 : 밖 out / 외모

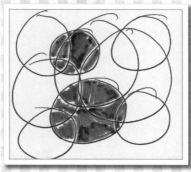

작품명 : 속 in / 심성

차이에 대한 생각!

사람들은 종종 배경을 보는 일에 집중한다.
그 사람의 집안과 부와 학위와 직업 등

그러나 안*in*과 밖*out*이 같은 사람들이
빛의 균형을 갖는다.

안이 화려하고 밖이 초라하면 거칠고
밖이 화려하고 안이 초라하면 허풍스럽다.

외모야 어떻게든 만들어 낸다지만,
속으로 채워져야 할 인성과 심성은
배경으로도 외모로도 드러나지 않는다.
우리는 일상의 관계에서 배려하는 예禮로 그 차이를 찾는다.

Courage

작품명 : 정렬 line up

작품명 : 흩어짐 scatter

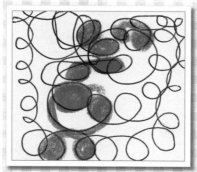

작품명 : 새로움 new

새로움을 만드는 용기

우리는 일상의 삶속에
작은 것에서부터 큰 것에 이르기까지
늘 그 자리에 있어야하는 것을 잘 알고 있습니다.

그것이 그 자리를 떠나면 불안해하고
다시 제자리를 찾기 위한 수고로움을 마다하지 않습니다.

그러나
우리는 잘 정돈되어 있던 그렇지 않던
흩어질 용기를 내야합니다.

그래야 새로운 것이 채워지기 때문입니다.

Flow

작품명 : 꽃씨 seeds

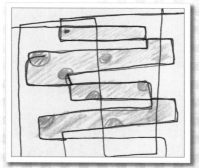

작품명 : 뱀 snake

작품명 : 창문 window

배움과 흐름

배움에는 흐름이 있어야 한다.

바람에 흩날리는 꽃씨의 흐름은
그 길道도 없고 규칙도 없으며 그저 바람에 몸을 맡긴다.

하늘이 내려다보고 있는 땅에
늘 배를 깔고 기어 다니는 뱀에게도
그들만의 길이 있고 흐름이 있다.
단지, 그것을 바라보는 사람들이 그 길을 모를 뿐이다.

우리는 소통을 의미하는 창문을 보며
다양한 흐름을 바라본다.
창문을 닫고 세상을 바라보면 미래는 보이지 않고
배움의 시간만 흐를 뿐이다.

제시어 ≫ 기준

Standard

작품명 : 거울 mirror

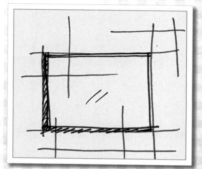

작품명 : 프레임 frame

작품명 : 각도 angle

강요의 기준

보이는 대로만 비춰주는 거울은 내가 보고 싶은 세상만 보게 한다.
늘 보이는 것만 보여주는 거울이
만약, 우리가 배운 지식의 기준이 된다면
우리는 거울의 기준으로 만들어낸 프레임으로
틀 속에 갇히게 된다.

그러나 세상은 항상 틀 안과 틀 밖이 존재함을 인지하며
틀 안의 예각인 60도와 틀 밖의 둔각인 120도의
배움의 날선 균형을 찾아야 한다.

작품명 : 인지 recognition

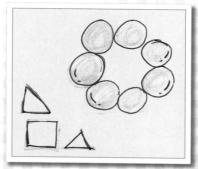

작품명 : 무리 group

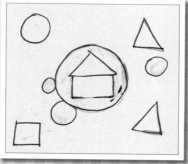

작품명 : 따로 또 같이 separately & together

나의 길

다양한 것들이 드러나는 세상이다.
그러나 사람들은 다름에 익숙하지 않다.
그래서 그 차이를 잘 보지 못한다.

그러나 다름을 알아차리게 되면
무리를 짓기 시작한다.

따로따로 혹은 같이
나의 스타일과 내 개성대로 삶을 살아가는 결정이
가장 좋은 길임을 알아간다.

Return

작품명 : 떨어지는 꽃잎 petal

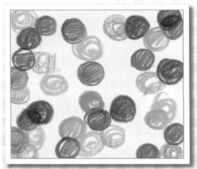

작품명 : 색 color

작품명 : 회전 rotation

나를 돌아본다는 것

비가 오면 예쁘게 피어난 봄의 꽃들이
땅으로 떨어지기 시작한다.

떨어진 꽃잎들은 자신들이 갖고 있던
고유의 색들을 잃어간다.

그러나
겨울이 지나고 따듯함이 찾아오면
다시 선명한 초록의 색을 드러내며
떨어진 꽃잎, 나무에 붙어있는 꽃잎, 푸르른 나무들 모두에게
고유의 색을 입히며 봄은 다시 생기를 찾는다.

Center

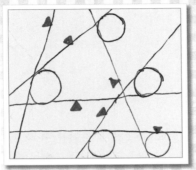

작품명 : 하나의 중심 one of balance

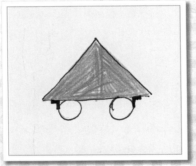

작품명 : 고정된 중심 fix balance

작품명 : 무너진 중심 breaks balance

균형을 찾으려면~

세상엔 그것들을 존재하게 하는 이유들이 있다.
그것을 사람들은 본질이라고 한다.

그래서 모든 본질을 설명해주는
하나의 중심을 찾는다는 것은 매우 중요한 일이다.
사람들은 잠시 고정된 중심에 안주하며
그것이 오랫동안 지속되기를 바란다.
그러나 그 중심은 다른 본질을 만났을 때 균형을 읽고 무너지게 된다.

모든 것을 만족시키는 기준은 없다. 잠시 고정된 중심에
나를 의지하지 말고 과감히 균형을 무너뜨릴 때
더 깊은 중심의 균형을 찾게 된다.

생각의 속성 / 내면의 역량을 리딩하라!

왜 독서를 하는가? 독서를 하면서 우리는 마음속에 무엇을 뜨겁게 만들어야 하는가? 그 물음이 없이 독서를 하고 있는가?

지금까지 그렇게 독서를 해오지 않았다면 우리는 내면의 변화를 위해 노력해야한다. 내면의 변화는 결국, 기존에 생각하던 것을 어떻게 변화시킬 것인가에 있다. 생각이 변화된다면 모든 변화는 시작가능한 일이 된다.

독서를 하면서 어떤 단어에 연관된 기억이 계속 떠오른다면 그 기억과 연결된 감정들이 다음에 떠오르게 되어 있다. 우리는 더러운 것을 보면 바로 그것과 관련된 감정이 생겨나고 불쌍한 것을 보면 안타까운 감정이 떠오른다. 이 연결고리는 감정이라는 것은 독립적인 존재가 아니라 우리가 끊임없이 떠올리는 생각과 연결되어 있다는 것이다.

우리는 누군가를 짝사랑하면 눈을 감아도 모습이 떠오르고 눈을 떠도 떠오른다. 어떤 책을, 어떤 작가를 좋아하면 자꾸 떠오르는 생각 때문에 결국 작심作心이라는 것을 하게 된다. 이것은 곧 행동이라는 것의 동기가 된다.

사랑할 때 과격한 행동들을 하는 것은 뇌가 활성화되고 있기 때문이다. 그러나 과격한 행동은 처음 그 행동을 유발시킨 어떤 감정으로부터 시작이 된다.

이 메커니즘은 간단한 공식을 갖고 있다. 생각에서 감정이 나오고 감정에서 작심을 통한 행동의 결과로 나온다는 것이다.

요즘은 두통을 겪는 사람들이 많다. 그로 인해 우울증을 겪고 밤에 잠을 설치며 피곤해한다. 예민해지고 일상의 관계성도 깨지는 일이 생긴다. 약을 먹기도 하고 상담치료를 받기도 한다. 그러나 우리는 두통이후에 일어난 증상에 대한 치료에만 집중하지, 두통을 갖게 된 이유를 바꾸는 일에는 신경 쓰지 않는다. 아무리 행동을 바꾸는 치료를 하고 약을 먹어도 오랫동안 두통과 불면증에 시달리는 반복을 되풀이 한다.

배경지식은 행동의 조각들이다. 독서를 통해 내가 생각하고 감정을 갖고 있어서 표출된 기억들이 자꾸 쌓이면 그것이 감정의 덩어리가 되는 데 시간이 흐르면 그것은 우리의 배경지식이 된다.

일상에 관계 속에서 청소년기에 중요한 것은 결국 긍정적이며 좋은 감정을 많이 갖고 있는 것이다. 많은 친구들을 만날 때 비판적 시각으로 친구들의 단점만을 찾는다면 관계를 지속하기 어렵다.

가끔은 마음에 들지 않는 친구들로 마음이 상하거나 감정이 폭발하기도 한다. 이때 우리는 감정을 가라앉히고 진정하라는 말을 한다. 그러나 더욱 감정은 분노로 표출된다. 그때 가장 좋은 방법은 생각을 통제하고 바꾸려는 노력이다. 우리가 인문고전이라는 독서를 하는 이유도 이럴 때 생각한 번 더하고 좋은 것으로 내 감정을 선택하기 위해서 이다.

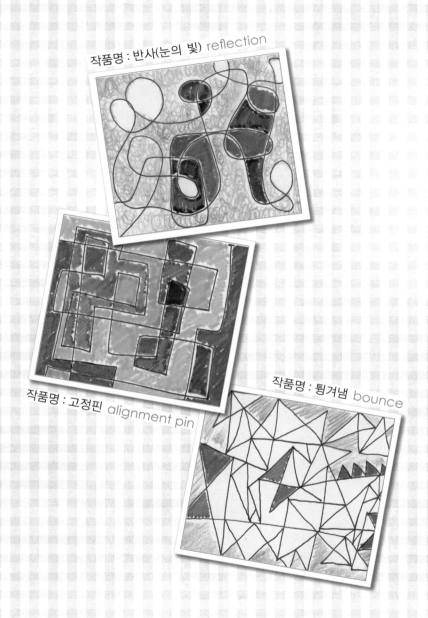

작품명 : 반사(눈의 빛) reflection

작품명 : 고정핀 alignment pin

작품명 : 튕겨냄 bounce

일상의 상想을 이해하라!

관계의 따듯한 시각을 갖고 있는가!
관계에 집중하는 열정적 관점을 갖고 있는가 말이다.

내 시야에 들어오는 일상을 어떻게 이해해야할까?
있는 그대로 혹은 그 뒤에
그림자를 보고 인지해야 하는가?

실상實相의 관계를 알아차리는데
너무 오랜 세월로 깊이 박혀
절대로 움직이지 않는 고정 핀이 있다면
그 관계를 튕겨낼 힘이 무엇인가에 집중해야한다.

그것이 우리의 진정한 배움이기 때문이다.

Realization

작품명 : 고정관념을 깨는 망치 hammer

작품명 : 습관의 안대 eye patch

작품명 : 세상으로 advance

깨라!

세상을 제대로 보고 싶은가?
고정관념을 깨부수어라.
깨부술 망치는 갖고 있는가!
없다면 고정관념으로 눈을 가리고 있는
습관의 안대라도 걷어내라.

고정관념이라는 단단한 틀을 부수는 노력과
우리의 눈을 감게 하는 습관의 안대를
벗어던질 수 있는 선택과 집중이 있을 때,

변두리에 갇혀있던 우리의 시선은
세상을 향해 저 멀리 뻗어나갈 것이다.

growth

작품명 : 운동 exercise

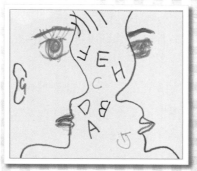

작품명 : 영어 english

작품명 : 건강한 몸 healthy body

장애와 성장

나는 다이어트를 해야 한다.
여러 가지 방법으로 시도하여 만족한 때도 있었으나
다시 원상복귀를 여러 번 했다.
그러면서
내 몸이 뜨거운 태양에 녹고 있다는 생각을 하지 못했다.

영어를 잘하고 싶어서 늘 노력하지만
언어의 장벽을 느낄 때가 더 많았다.
그래서 더 섬세하고 세심하게 들었다.

일상에는 늘 나를 가로막는 장애들이 많다.
그러나 그 장애들은 항상 나의 성장과 함께 있다.

작품명 : START

작품명 : Process

작품명 : Outcome

과정과 결과

어떤 일이든 시작이 있다.
시작을 넘어서면 곧 과정이 온다.

시작된 과정에서 만난
빨간-멈추세요!
노란-잠깐 생각하세요!
그리고
초록-가도 좋습니다.
라는 신호들은 잘 지켜줄 때,
인생의 결과들이 나이테를 만들어 간다.

By 김소연 창의독서코치

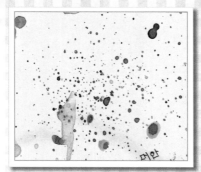

작품명 : 틀과 대안 frame & opposite

작품명 : 외딴 곳 an out of the way place

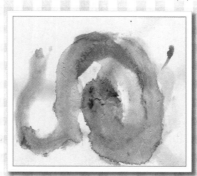

작품명 : 혼돈 chaos

형태 부수기

그림을 배우기 시작했다.
늘 붓으로 손이 가는 데로 그리는 그림은
틀frame과 형태form를 벗어나기 힘들다.
그림은 내 심상心象이고 내가 살아온 삶이기에 그렇다.
가끔은 그 틀에서 벗어날 수 있는 대안이 무엇일까? 고민한다.
그래서 오늘은 물감을 손으로 털고 입으로 불어본다.

선명한 기억속의 장소를 그린다.
그리고 물을 탄다. 오늘은 왠지 선명한 기억을 흐릿하게 만든다.
가끔, 혼돈은 나의 틀에서 벗어나는 대안이 된다.

틀에서 벗어난 대안은 내 자신이 혼돈混沌속에 길을 찾으려는 노력이다.
내가 찾아간 외딴곳은 그 혼돈이다.

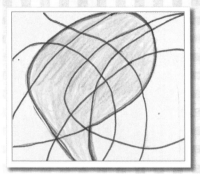

작품명 : 모양

작품명 : 관계

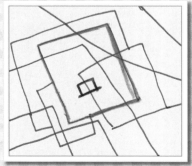

작품명 : 소통창문의 버튼

케이크

한주간의 이슈들을 생각하며 케이크를 떠올린다.
즐거운 일들이 있을 때 맛나게 먹는 케이크.
어떤 관계성의 이벤트가 있을 때 필요한 것이 케이크다.

사람들은 다양한 관계를 맺으며 산다.
기쁨과 즐거움도 있지만, 종종 갈등도 있다.
즐거워 노래 부르는 일도 있지만,
갈등을 해결하고 문제를 해결해야하는 때도 있다.

사람과 사람을 연결하는 소통의 창은 여러 가지인데
사람들은 그 문을 하나의 버튼과 연결된 것으로 만족해한다.
그래서 갈등은 쉽게 해결되지 않는다.
하나의 케이크를 다양한 조각으로 나눠 먹는 일이 많아지기를 바란다.

생각의 속성 / 글속에서 틀과 개념을 찾아라!

정의와 개념이 넘쳐나는 세상이다. "저 사람은 개념이 없네"라는 말로 사람을 그 틀 안에 넣기도 한다.

정의란 무엇인가?[12]라는 베스트셀러도 있다. 이미 한국에서만 200만부를 돌파했고 전세계 37개국에서 출간된 책이다. 이렇듯 일상에 많은 이해관계들이 개념과 정의에 연결되어 있다.

개념이라는 것은 결국 무엇인가? 사람들의 생각을 정리해놓은 글이다. 생각을 정리해놓은 것이기에 사람들은 개념이나 정의를 무리 없이 받아들인다. 익숙해진 개념들은 우리가 일부로 의식하지 않아도 그 틀 속에서 인식하게 된다. 이것이 정의이고 개념이다.

경험과 직관을 활용하는 것이 통찰력을 키우는 좋은 방법이라는 것을 우리는 알고 있다. 많은 경험들을 배경지식으로 잘 활용을 해야 한다.

청소년들과 인문독서 코칭수업을 할 때면 단어에 대한 개념을 묻는 질문들을 많이 한다. 청소년들이 인문고전을 어려워하는 것은 이 개념에 대한 문제 때문이다.

몇 개의 문장에서도 개념을 모르는 단어들이 많이 나오기 때문에 경험

---

12) 마이클센델(하버드대학교수), 2014

을 연결시키는 공감선택이 떨어진다.

독서라는 것은 읽으면서 앞에 내용을 유추하기도하고 자신의 경험을 융합하여 새로운 이야기를 끄집어낼 때 즐거워지고 집중력이 생기는 것인데 말이다.

음악, 미술, 운동, 컴퓨터게임 등 모든 분야에는 재미를 느낄 수 있도록 감정을 유발시키는 규칙들, 개념들을 알고 있어야 한다.

책을 맛있게 읽는 친구들이 있다. 나름에 독서에 대한 틀과 개념을 갖고 있는 것이다. 그저 철자로 된 글을 읽기만하는 것은 그리 큰 의미가 없어 보인다.

지금까지의 독서방법에서 나름의 재미를 차지 못했다면 창의이미지독서로 개념을 만드는 방법을 해보기 바란다.

개념이라는 것은 서두에서도 언급했듯이 사람들의 생각을 글로 모아놓은 것이다. 진리가 아니기에 바뀔 수 있고 틀릴 수도 있다. 그러나 그 개념을 자신의 틀로 너무 신뢰하는 친구들이 많다.

헤라클레이토스는 자신만의 답을 만드는 일에 창의적인 습관을 길러보라고 권유한다.

우리가 마음을 먹고 깊이 파고들기만 한다면 독서를 하는 데 필요한 나만의 아이디어를 발견할 수 있다고 말이다.

작품명 : 지속성과 항상성

작품명 : 불확정의 원리

작품명 : 외딴곳

생각의 전환은 본성에 있다!

외딴곳
일상에서 벗어난 장소는 새롭고 불확실하다.
그러나 설레임을 준다.

인간의 속성 속에 있는 설렘은 지속성과 항상성을 좋아한다.

불확정성은 우리의 시각에 보이지 않지만,
분명, 현실에 존재하고 있는 외딴섬 같은 것.

현실에서 얻고 싶은 것을 얻지 못했을 때,
그것을 유지하기 위해 우리는 궁지에 몰리게 된다.
생각의 전환은 그때 본성을 드러낸다.

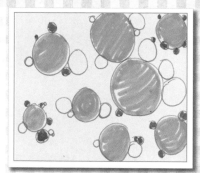

작품명 : 거품정보

작품명 : 약한 낙엽

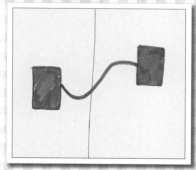

작품명 : 공간의 선

정보의 희미함!

우리는 사이버 세상에 살고 있다.
그 세상에서 벗어난 정보를 상상할 수 없게 되었다.

크고 작은 정보들이 다닥다닥 붙어 거품처럼
세상을 떠돌아다닌다.
약한 바람에도 누군가의 저항에도
힘없이 쓰러져 색이 바래져버리는 정보들.
희미한 정보를 믿고 의지할 것인가!

다른 공간의 새로운 정보들은 계속 넘쳐난다.
자기만의 정보를 연결해주는 기준과 색깔이 명확해야 할 일이다.

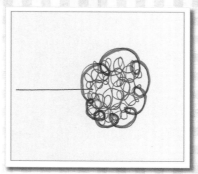

작품명 : 고리즘

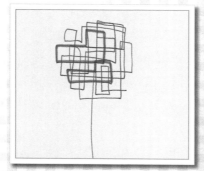

작품명 : 닮은꼴

작품명 : 적중

사랑하라! 지혜가 확장될 것이다!

얽기고 얽힌 세상의 관계 속에서
고리를 끊어내지 못하는 내 습관의 틀이 있다.

시각적으로 비슷하고 그래서 익숙하고
닮은 것들만 존재하는 세상

경계에 서는 사고로 사물이 존재하는 본질을 부정하면
하던 대로하던 익숙함 속에 논리적 사고의 틀이 깨진다.
지혜 확장의 충격은 여기서 시작된다.

관계성의 고리에 닮음이 있는 부모와 자식은
그 중심에 사랑이 있어야 지혜가 확장되는 일상이 드러난다.

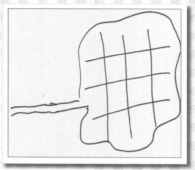

작품명 : 하던 대로 하지 않는다

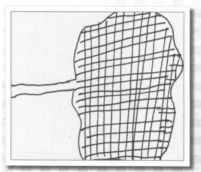

작품명 : 왜 그런지 생각한다

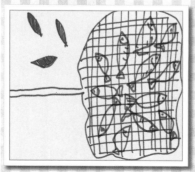

작품명 : 새로운 답을 찾는다.

사유에 대한 이유를 찾아라!

하던 대로 생각하는 간격
행동으로 늘 확보하던 공간
그러나
가끔은 하던 대로 하고 싶지 않을 때가 있다.
왜 그렇게 하고 싶은지에 대한 이유를 생각한다.
이유를 찾으면
생각하던 간격과 행동하던 공간을 바꾸게 된다.
답답하게 해결방법을 찾지 못하던 문제들의
새로운 답을 찾는 과정을 경험한다.

이따금 이유를 찾는 성취동기의 충격은
새로운 답을 찾을 수 있는 원동력이 된다.
일상의 모든 사유에 대해 이유를 찾을 일이다.

작품명 : 집에서 학교까지 움직이다

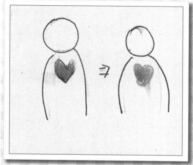

작품명 : 사람들의 마음을 움직이다

작품명 : 내가 먼저 움직이다

내가 먼저 움직여라!

누구나 태어나서 자라는 동안 집과 학교를 오간다.
길게는 20년간 이 움직임은 지속된다.
이 움직임이 방향을 잃거나 멈췄을 때, 큰 갈등이 온다고 생각한다.

나 이외에 사람들과 관계를 맺으면서
사람들은 마음을 얻으려고 평생을 이 움직임에 집중한다.
누구나 환경에 다가서지 않고 성취와 결과를 기다린다.
내게로 오기를 바라며 직면하려는 노력은 하지 않는다.

결과를 만들어 내는 사람들의 공통점은
항상 자신이 먼저 움직여야 한다는 것을 알고 있다.
아무것도 하지 않으면서 남의 도움만 원하는 자세는
어떤 문제도 해결할 수 없다.
마음과 행동을 먼저 움직여 문제에 다가서라!

생각의 속성 / 이미지와 융합할 때 변화된다

　하루에 인간은 12,000개의 생각을 한다. 생각이라는 것이 꼬리에 꼬리를 물고 계속 이어지는 데 이중에 필요한 생각은 단 10%도 되지 않는다. 이는 현실의 생각덩어리는 크고 빈틈이 없으나 쓸모 있는 것들은 작다는 의미이다.

　아주 예리하고 통찰력이 있으며 모두가 공감하는 생각들로 변화시키려면 현실의 의식세계에서 무의식의 생각들로 옮겨가야하는 데 이것을 가능하게 도와주는 매체가 '이미지' 이다.

　칼융은 우리가 인지하지 못하고 있는 무의식이 의외로 매우 체계화되어 있는 의식이라고 말했다. 평균 80세를 산다고 가정할 때 하루에 평균 8시간의 수면을 계산하면 23년을 꿈속에서 살게 된다. 매일 밤 꾸는 꿈에서 떠오른 생각이나 느낌들을 그냥 스쳐 보내기에는 너무도 긴 시간이 아닐까?

　심리학에는 초두효과라는 것이 있다. 제품홍보나 광고에 연예인을 쓰는 것이 이 이유이다. 이미지가 좋은 연예인을 내세워서 판매하려고 하는 제품을 선보이면 긍정적인 첫인상을 연상한다는 이론이다.

　우리는 현실을 살펴보면 제품의 이미지에 개념을 연상하는 일들이 참 많다. 기업은 핸드폰, 화장품, 의류, 자동차, 신발 등에 선호하는 초두효과의 이미지를 심어놓고 비싼 가격을 매겨놓으면 그것을 구매한다는 것이다.

그러나 창의이미지언어는 철저하게 배경지식이 기억하고 있는 경험적 개념들과 저항하여 싸워야하는 갈등이 있다고 주장한다. 어떤 이들은 이것이 사람의 야성(생명력)이라고 말한다. 요즘 청소년들은 생명력을 갖는 싸움에서 번번이 지고 있다. 그래서 자기만의 고유한 향기를 갖지 못하는 것이다.

10대, 20대, 30대, 40대, 50대, 60대에 삶이 길어질수록 직접 경험으로 얻어진 지식들이 많아진다. 일상에서 배운 것들이라면 더욱 강력한 이미지로 저장된다.

지금 우리에게 필요한 것은 고정된 지식으로 저장된 이미지를 토론하자는 것이 아니다. 그 이미지를 변화시킬 수 있는 창의독서를 하자는 것이다.

그러기 위해서는 추상적인 이미지와 사고들을 지식경험으로 만들어 내는 배움이 필요하다. 정형화된 사물과 사고 속에서는 과거의 배경지식만을 논리적으로 연결해주는 기능에 익숙하다. 일상의 사고에 쿠션을 더해주는 통찰의 작업들이 필요한 것이고 이것에 필요한 생각의 규칙에 변화를 주자는 것이다.

철저한 신뢰를 두고 있는 과거의 지식에 새로운 이미지를 넣어 직면하게 자극하고 익숙한 것에서 벗어나려고 싸우는 일에 도전하기를 바란다.

책을 읽으며 떠오르는 생각들을 버리지 말고 엉뚱해도 내용을 풀어내는 스토리에 융합시켜보기를 바란다. 조금은 심리적인 압박들이 좋은 결과를 내는 아이디어로 연결될 때가 있으니 말이다.

내가 무엇을 모르는지도 모르는 문제와 결과를 갖고 시름도 해봐야 한다. 〈1+1=2〉라는 것을 모르는 사람이 있는가! 그 정해진 문제와 답, 틀 속에서 자기만의 이미지를 넣어 변화된 사고를 경험하기 바란다.

작품명 : 어릴 적

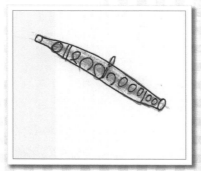

작품명 : 플루트

작품명 : 축구

무엇을 이루기 위한 노력을 찾아라!

장난감만 보면 정신을 내려놓고
한참을 쇼윈도에 서서 한곳을 바라보고 있던 때가 많았습니다.
저거 사주 세요! 열심히 노력하며 장난감을 조립합니다.

초등학교에 들어서면서 나는 장난감을 내려놓고
음악에 빠지며 플롯을 열심히 불었습니다.

그러나 이제 그 노력은 애들이랑 축구하려갈 때 씁니다.
축구를 싫어하는 엄마에게 조금만 공을 차고 올게요.
설득을 위해 노력한다.
무엇이 이루기 위해 때때마다
간절한 바람과 함께 노력해야 함을 알아갑니다.

by 신동원 (중1년)

작품명 : 친구도움

작품명 : '샘' 도움

작품명 : 혼자

도움으로 해결되는 것

내가 다쳤을 때,
도움을 요청하면 친구가 날 도와주러 온다.

학교에서 힘든 일이 생기면
선생님은 우리를 사랑으로 감싸주신다.

하지만 아무리 도움을 요청해도
아무도 오지 않는 경우도 있다.

도움을 청하는 것도 좋으나 나 자신이 먼저 노력하는 것이 필요하다.
남에게만 의지한다고 해서 모든 것이 해결되는 것은 아니기 때문이다.

[우화] 난파당한 배 : 문장 만들기 by 정민(중1년)

작품명 : 구원 salvation

작품명 : 생명 life

작품명 : 진심 sincerely

구원에 대한 사유!

누군가에게 '생명'을 '구원' 받기 위해서는
'진심'이 전달되어야 한다.

이 '진심'이 전해질 때에 비로소

사람과 사람 사이 '구원'을 받고,
'구원'을 하는 관계가 형성될 수 있다.

어떠한 목적을 향해 달리고 있다면
누군가의 구원이나 도움만을 기다리지 말고
스스로 이뤄 내고자하는 노력을 해야 한다.

구원하다 by 서민재(중3년)

Difference

작품명 : 흑과 백

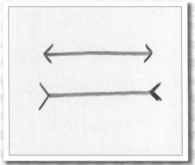

작품명 : 보이는 것이 다가 아니다

작품명 : 자연색

종이 한 장 차이

세상은 보이는 것이 다가 아닐 때가 많다.
혹은 흑과 백으로 분명히 판단할 수 없는 일도 많다.

일상에 위배되어 보이는 상황들이 있다.
'있거나' 혹은 '없다' 처럼 분명한 답을 말할 수 없을 때.

세상의 모든 색이 섞이면 점점 흑이 되어가고
세상의 모든 빛이 모여가면 백이 된다.

'어리석음' 과 '지혜로움' 의 차이는 이처럼
흰 종이와 검은 종이 한 장의 차이이다.

by   한지효(초등2년교사)

Space

작품명 : 한색으로 정의하면

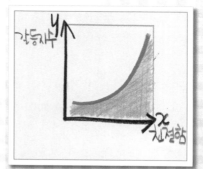

작품명 : 과유불급

작품명 : 마음의 거리

친절과 오지랖 사이

나는 '친절'이라고 생각했던 일이
때로는 불필요한 '오지랖(나만 피곤)'이 될 수 있다.

그래서 나는 친절과 오지랖 사이에 존재하는
나의 생각을 문장으로 정리해 본다.

①누구나 생각하는 기준은 다르다.
②지나치면 못 미치는 만 못하다.
③마음의 보폭은 서로 맞춰 간다.

그래야 오지랖이 아닌 고마운 친절함이 드러난다.

buy

작품명 : 돈 money

작품명 : 마음 hart

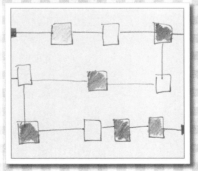

작품명 : 연결고리 connecting

배움의 뜻이 있어야 할 곳!

돈으로 살 수 없는 사람의 마음이
갈등을 풀 수 있는 해결의 연결고리가 된다.

마음의 가치와 배움의 뜻이 어디에 있는가!
세상의 지식에 있는가!
그런 리더를 꿈꾸는가!

모든 것을 살 수 있는 세상의 것들 중에
하늘에 뜻을 두어야만 가능한 것,
사람의 마음으로 공동체를 만드는 연결고리를 얻고 싶다면
배움의 가치를 하늘에 두어라!

제시어 ≫ 살빛

작품명 : 태초의 빛

작품명 : 눈부심 dazzle

작품명 : 역발상 inverse concept

우리의 어리석음

모든 문제의 본질은 눈부신 태초의 빛 속에 담겨있다.

살빛이 검다하여 내면의 지혜가 어둡지 않고
살빛이 희다하여 내면의 지혜가 밝지 않다.

보이지 않는 것을 보려하는 역발상이
결국, 우리의 어리석음을 막아 준다.

작품명 : 흐름 flow

작품명 : 그림자 장벽

작품명 : 번개 lightning

스스로의 생각에 갇히지 마라!

과연 누군가가 누군가를 돌볼 수 있는가!
본연의 모습이 나타나도록말이다.

단지
자연스럽게 흐를 수 있도록 도와줄 수 있을 뿐이다.
오직 내 생각이 옳고,
나만이 옳게 할 수 있다는 생각이 만들어낸 장벽은
상대를 가두지만,
그 그림자에 의해 스스로도 갇혀버린다.

만일 내리치는 번개를 잡을 수 있는 감각을 느낄 수 있다면,
죽어있던 나의 생명력이 다시 살아나고
진정으로 누군가를 돌볼 수 있게 될 것이다.

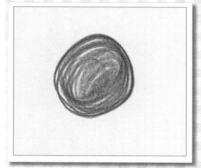

작품명 : 무제1

작품명 : 무제2

작품명 : 무제3

살빛과 인간본성

우화 : 아이티오피아인

어떤 사람이 아이티오피아인을 노예로 샀다.
그는 노예의 살빛이 그런 것은
전 주인이 제대로 돌보지 않았기 때문이라고 생각했다.

그래서 그는 노예를 집으로 데려와 하얗게 만들려고
온갖 비누로 문지르고 온갖 방법으로 씻어 보았다.

그러나 그는 노예의 살빛을 바꾸지 못하고 과로로 몸져누웠다.

살빛과 인간본성은 바뀔 수 있을까요?

love

작품명 : 사랑하기전 before

작품명 : 사랑하는 중 ing

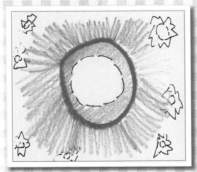

작품명 : 사랑한 후에 after

사랑한 후에

사랑이 없는 마음은 양날이 선 칼과 같다.
사람들에게 상처를 주고 아픔을 준다.

그러나 그 마음에 사랑이 시작되면
강력한 보호막이 생기며
날카로움은 없어지고 부드러움은 드러난다.

사랑은 내 안에 가득 찬 편견과
어리석음을 버리고 있는 내 모습이다.

있는 그대로를 볼 수 있도록 인정해주는
가장 효과적인 방법이 사랑이다.

색에는 생각과 감정과 행동의 개념이 담겨있다!

빨강 빨강은 긴장을 유발하거나 적극적이고 활동적인 느낌을 줍니다.
자극적이고 적극적인 이미지로 남성적인 이미지를 가지고 있다.

주황 주황은 빨강의 활기차고 열정적이고 충동적인 이미지와
노랑의 경쾌하고 즐겁고 자유로운 이미지를 함께 전달하는 색이다.
낙천적이고 자발적이며 긍정적인 이미지를 전달하는 색이죠.

노랑 태양의 색을 의미하며 자유롭고 활동적이며 따뜻하고 가벼운 이
미지를 갖고 있다. 그러나 '금'과 같은 색 계열로 부나 권력을 상
징하기도 한다.

분홍 분홍색은 섬세함과 여성스러운 이미지를 전달한다.
흔히 남자아이는 하늘색, 여자아이가 분홍색이 상징적인 색을 의
미한다.

초록 식물 등 가장 자연과 가까운 색으로 편안하고 안정적인 이미지를
가지고 있다. 피터 팬과 같이 정신적인 미성숙을 상징한다.

파랑 신뢰를 주고 차분하며 성실한 이미지를 주는 파랑색은 이력서 사진 배경으로도 많이 쓰인다. 내향적이고 순응적인 이미지도 주지만, 병들었거나 고통스러움, 피로한 상태의 경우에도 자주 사용한다.

보라 신비로움과 숭고한 이미지로 사용되던 보라색
'사이코' 라는 의미의 불명예를 가지게 된 이유는
빨강과 파랑이라는 양극단의 색이 합쳐졌기 때문이다.

열정적이고 적극적인 빨강과 차분하고 고요한 파랑이 뒤섞인 혼란스러움으로 인해 이러한 타이틀이 붙게 되었다.
보라색은 과거 중국에서는 일반 백성들은
입을 수 없는 왕의 색이었다.

검정 세련, 권력, 공포, 죽음, 저항 등 다양한 이미지를 가지고 있는 색, 블랙! 다양한 이미지를 가지고 있는 색인만큼,
양복, 상복에서부터 펑크족까지 각각의 분야에서
상징적인 색으로 활용되고 있다.

흰색 흰색은 신성하고 숭고한 이미지와 함께
순수하고 청결한 이미지를 전달한다.

이러한 이유로 웨딩드레스로 활용되는 가장 대표적인 색이다.
흰색은 순종과 순수, 치유 등의 이미지를 가지고 있다.
성직자나 간호사를 의미하는 색으로 감정의 마비를 의미한다.

Soap

작품명 : 부정사고

작품명 : 혼재 consolidation

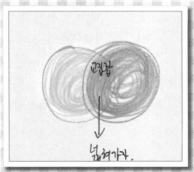

작품명 : 교집합 intersection

무엇을 닦아 낼 것인가!

우리들의 일상에는
많은 부정적인 사고들이 존재한다.
불신, 성냄, 게으름, 노예근성, 어리석음, 고집

또한 긍정적인 사고들도 존재한다.
감사, 믿음, 넓은, 온화, 부지런함, 근성

사람의 마음속에는 부정과 긍정이 함께 혼재한다.
혼재한 교집합을 넓혀가는 것이 중요하다.
그 배움으로 나를 항상 씻어야 한다.

by 김미숙 독서회원

Thinking

작품명 : 위치

작품명 : 외워라!

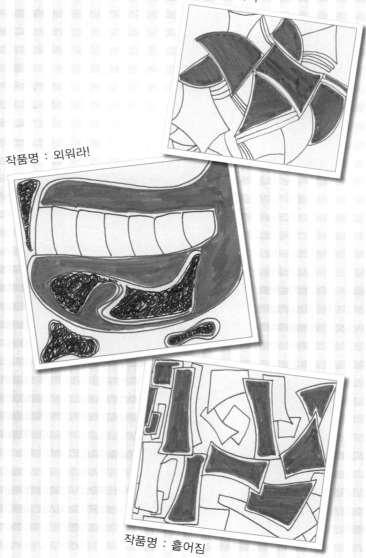

작품명 : 흩어짐

생각의 관계성을 어디서 느끼는가!

독서는 글의 이미지를 떠올려 생명력을 살려 리딩해야 한다.
외울 것인가? 그렇다면 외워라!

느끼는 감각의 지속적인 지식의 확장성을
습득할 방법이 없다면 암기 해야겠지!

천천히 아주 천천히 시간의 밀도를 느끼며 읽어라!
그래도 죽기 살기 외우는 것보다 빠르게 이해 할 것이다.

그들은 지식의 "높음"을 양으로 생각하는 틀에서 빠져나오지 못할 테니!

진정한 혁신은 보여 지는 것에서
느껴지는 것으로 방법을 흩트려 놓고 위치를 바꾸는 것이다.

Concentration

작품명 : 연관성 relation

작품명 : 새로운 시작 start

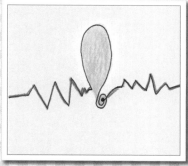

작품명 : 센스(직감) hunch

집중에 대한 속성!

#01 연관성

어떤 기준을 가지느냐에 따라 다양한 연관성은 일어난다.
더 많고 다양한 기준을 만족하는 것이 그 관계의 핵심적 연관성이다.

#02 새로운 시각

단순히 넓은 시야가 새로운 시각을 가져다주지 않는다.
하나하나의 요소들에 대한 깊은 정리와
그것들을 충돌시키는 사고 노력이 함께 이루어져야 한다.

#03 센스(직감)

치열한 생각의 오르내림 속에서 자신의 것을 찾아 정리할 때,
찰나의 극적인 인지상승을 통해 깨달음을 얻는다.
그리고 하나의 점이 마무리되어 다시 다음 점을 향해 나아간다.

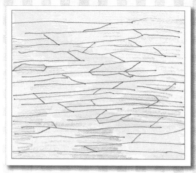

작품명 : 관계 relation

작품명 : 외로움 lonely

작품명 : 어리석음 foolish

갈등의 꼭짓점은 어리석음이다!

무질서하고 연관 없어 보이는 손등세포의 선들
가늘게 연결된 실선들이 자연스럽지 않고 어색해 보인다.
익숙하지 않은 자연스러움과 어색함이 외로움의 관계를 풀어준다.
긍정의 갈등에 익숙해져라! 관계가 살아날 것이다.

사람의 머릿속은 다양한 생각들로 가득 차 있고
그 생각들은 자기만의 골짜기를 만들어 소용돌이친다.
안으로만 돌고 도는 우리의 머릿속 생각은 서로를 만나지 못하게
부정의 갈등과 외로움을 만든다.

리더여! 다양한 생각을 허물어줄 관계에 집중하라!
날카로움(다듬어지지 않은 배움)으로 사람을 대하면
조각난 파편처럼 상처와 갈등을 준다.
갈등의 꼭짓점은 누구나 갖고 있어서 모일수록 어리석어 진다.

작품명 : 크레센토

작품명 : 포커판

작품명 : 새로운 것 new

결합과 은유는 명확성이다!

우리는 한쪽 날개를 가진 천사다.
그래서 다른 한쪽 날개를 찾아야하는 기다림이 있다.
숙명의 결합을 준비하는 사명처럼 우리는 그 때를 꿈꾼다.

삶은 포커 판이다.
때때마다 내 카드를 선택해서 내려놓아야 하고
타인의 카드를 추측하고 준비해야한다.
그러나 결국,
모든 것을 내려놓고 다시 잘 섞어야 하는 원칙이 있다.
이 원칙은 늘 반복되며 새로운 판을 기대한다.

결합과 은유는 새로운 개념의 명확성을 가능케 해준다.

독서의 효과성은 어디에서 시작되는가!

누구나 사람들은 삶을 살면서 많은 사람들과 수많이 이야기를 주고받는 경험을 한다. 특별히 청소년기에 친구들과 경험한 것들은 평생을 살면서 소중한 자산이 되기도 한다.

그러나 아동기 혹은 청소년기에 경험 속에는 그 때의 기억을 끄집어내는 일에 망설여지는 부분도 있다. 오래된 기억들은 가끔 더 왜곡되기도 하고 있었던 사실에 거짓이 덧붙여진다면 슬픈 현실로 그려지기도 한다.

그래서 모든 스토리들에는 진정성이라는 것이 검증되고 담겨 있어야 한다. 특별히 배움의 현장에서 다뤄지는 교육 스토리들은 더욱 그렇다.

다른 사람들과의 관계성에서 직접 경험하여 만들어지는 나의 이야기에는 거짓보다는 사실이 많은 부분을 차지해야 한다.

오래된 인문고전속에 나오는 삶의 지혜를 읽으면서 토론 속에서 경험하게 되는 청소년들의 이야기는 더욱 진정성이 깊고 진지하다. 청소년들이 독서를 하면서 일반적으로 습득하는 것은 그 책의 실려 있는 내용지식일 때가 많다.

그러나 독서의 효과를 살려내는 친구들의 읽기는 조금 다르다. 책속에 실려 있는 내용들이 일상의 화두로 연결되어 드러나기 때문이다. 그것이 곧 창의성이 되기도 한다.

청소년들의 책읽기는 일상의 창의성을 유발하는 연결고리가 필요하다. 배우기만 하고 쉽게 잊어버리는 지식이 되지 않기 위해 우리는 경험을 통한 리딩방법을 융합시키는 독서법을 배워야 한다.

대부분의 아이들이 책을 읽으면서 논리적 혹은 사변적으로 얻어지는 지식의 형태들만을 갖게 되기 때문에 우려가 된다.

생각을 계속 유지하고 거기에서 흘러나오는 감정들을 어떤 상황 속에 맞춰야하고 또 행동으로 옮겨야하는 일은 매우 수고로움이 필요한 일이다.

그러나 우리는 아동과 청소년들에게 책에서 일어나고 있는 작은 사건들이 일상의 것들과 연결되어 경험으로 드러날 때 진정한 배움의 지식이 됨을 알면서도 지금까지 가르쳐오지 못하고 있다.

책은 책대로 창의는 창의대로, 과학은 과학대로, 수학은 수학책에서만 존재하는 학문으로 배우면 그것이 밖으로 나와 다른 것들과 통합하여 더 큰 지식으로 성장하는 효과에 대해 소극적인 자세를 취하게 된다.

만약, 테두리 안에서의 기능을 잘 해내는 병렬적사고로 익숙해졌다면 그것과 결별하는 습관을 지금부터라도 갖도록 노력해야한다.

독서를 하며 생각을 한다는 것은 결국 다른 세상에서 어떤 경험을 현실의 책으로 가져오는 작업과 같다. 이것이 불편하고 익숙하지 않다면 독서의 효과성을 높이는데 실패하게 되는 것이다.

그것을 위해 천천히 읽는 습관을 갖도록 노력하는 것도 좋은 방법이다. 우리는 가끔 잘못된 습관들이 기준인 것처럼 알고 그것을 습득하려 한다.

언제부터인지 빨리 읽는 속독법이 유행하며 독서의 높은 수준처럼 인식되어 왔다. 그러나 아무리 많은 책을 읽더라도 마지막장을 덮는 순간 잊어버리는 독서는 어떤 기억도 남지 않음을 누구나 경험하였다.

책에서 핵심이 되는 한가지의 생각이 정리되고 그 감정을 잘 갖고 있다면 언젠가는 행동으로 나타날 것이고 우리는 그것만으로도 충분한 독서의 만족감을 가질 수 있다.

그 한 가지 생각으로 긴 스토리텔링을 만들어 책을 이해하고 재미를 찾으며 마지막 장을 넘기면 된다. 그러면 우리는 또 다른 호기심이 발동하여 다른 책을 읽도록 도와주는 연결고리의 행동을 찾게 된다.

제시어 ❯❯ 갈등

Conflict

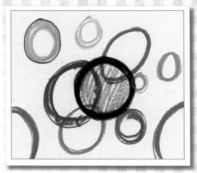

작품명 : 관계 relation

작품명 : 판단 judgment

작품명 : 질문 question

사유에 대한 이유를 찾아라!

#01 관계
세상의 다양한 관계성, 나와 깊이 관련된 것도 멀리 떨어진 것도 있다.

#02 판단
나와 관련된 것들을 나의 눈으로 판단한다.
세모나 별모양, 네모로
나의 판단과 상대의 판단이 다를 때 갈등은 시작된다.

#03 질문
생각하고 행동하기 전에 세상에 대해 질문한다.
나의 판단이 나의 감정이 나의 행동이 가치 있는 일인가?
나에게 또는 타인과 세상에게 말이다.

나와 관계된 세상의 모든 것은 나의 눈으로 판단한다.
나의 판단으로 시작된 갈등은 질문으로 풀어간다.

작품명 : 상상력 imagination

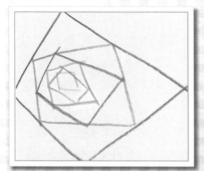

작품명 : 우물 well

작품명 : 수수께끼 puzzle

수수께끼를 상상하라!

사람들은 누구나 상상한다.
그러나
누군가 이미 상상해 놓은 그대로 상상력을 사용하고 있다.
관점 속에 갇혀있는 시각들,
그것이 우리의 지식이 되어가고 있다.

지식의 우물에 갇히고
우물에 지혜가 갇히고
생각이 지식과 지혜를 만들어내지 못하는 우물에 갇혀있다.

아이러니한 이 수수께끼를 풀어야
우리의 배움은 상상력을 발휘하기 시작할 것이다.

작품명 : 유턴

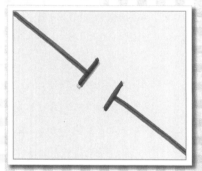

작품명 : 단절 cut

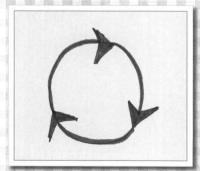

작품명 : 회복 recovery

죄에 대한 나의 마음!

#01 유턴
돌이킴이 필요할 때가 있다.
일상에 많은 죄를 짓고 그것이 익숙해져 있을 때
마음을 돌이키는 결심을 해야 한다.

#02 단절
익숙해진 죄의 대한 생각과 행동을
끊어내는 마음의 결단이 있어야 한다.

#03 회복
누구나 죄를 짓지만, 잘못을 고백하고
회개하는 용기를 낸다면
회복하는 삶을 살게 됩니다.

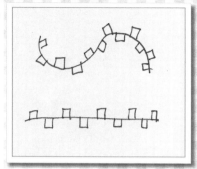

작품명 : 선&톱니 line

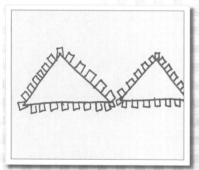

작품명 : 세모 triangle

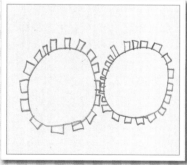

작품명 : 동그라미 circle

상대를 움직이는 예禮

선line 속에는 많은 점dot 들이 숨어산다.
그러나 어떤 관계성도 갖지 못하며 살 수 있다.
그저 자신의 예禮만을 갖고 있을 말이다.

한쪽이 예禮를 지킨다고 해서 다른 한쪽이 지키는 것은 아니다.
그러면 곧 상대방도 예禮를 유지하기 어려워진다.

예禮는 서로서로 지켜야하는 것이다.
한쪽이 지키면 언젠가는 다른 쪽도 지킨다는 믿음을 갖고
배려하면 다른 한쪽도 지키게 된다.
예禮는 그래서 회전하는 방향을 갖고 돌고 돌면서
자기 성장의 중심을 만들어 낸다.

by 상혁 (중3년)

작품명 : 멈춤 stop

작품명 : 퍼짐 spread

작품명 : 상쾌함 fresh

노력은 상쾌함이다!

#01 멈춤
노력과 절제를 하려면 나의 꼬인 뇌, 정서를 가라앉히고
어느 순간에 하는 일을 멈춰야 한다.
나쁜 것에서 빠져나오는 방법은 노력의 끈을 잡고 나오는 것이다.

#02 퍼짐
단순한 생각이 다양한 생각으로
성장하고 퍼져야 '절제' 라는 행동을 할 수 있다.

#03 상쾌함
노력, 절제를 하면 자연 속에 있는 것과 같은 상쾌함을 느끼는 상태가 된다.

by 필립 (중1년)

논리적인 지식만으로 독서를 할 것인가!

　태어나면서 사람들은 누구나 본능적으로 여러 경험을 하며 배움을 갖기 시작한다. 시간이 지날수록 그 배움과 기억의 정보들은 마음속에 쌓여간다. 새로운 배움이 지나면 오래된 지식이 되고 뇌속에 잘 저장되기도 하지만 소멸되거나 잊어버리는 기억들도 많아진다. 자주자주 끄집어내서 써먹는 지식들은 오래가지만, 가끔 사용하는 지식들은 구舊정보로 기억 속에서 멀어진다.

　날이 밝으면 누구나 눈에 보이는 모든 것들을 보고 읽으며 기억으로 저장하기 시작한다. 쓸모 있는 것들과 쓸모없는 정보들을 구별하며 걸러내기 시작한다. 그렇게 새로운 정보들이 마음속으로 들어온다.

　더러는 새로운 정보들을 잘 개념화시켜 배움의 상호작용에 적극적으로 활용하는 사람들도 있지만, 그저 하나의 정보만으로 만족하며 살아가는 사람들도 많다. 시대가 발전하면서 세상은 다양한 생각과 개념, 실체들을 원하는 창의적 사고를 중요시하고 있지만, 그저 배운 영역에서 크게 벗어나지 못하고 고정관념의 틀 안에서 생각하고 행동하는 것으로 만족한다.

　과거지식과 새로운 지식이 잘 어울려서 좋은 상호작용을 하고나면 만들어지는 언어는 개념적인 것과 이미지적인 것으로 구분된다. 이미지적인 것은 추상적인 지식구조를 갖고 있으며 개념적인 것은 표상을 유발시켜주는 구조를 갖고 있다.

　인간에게는 깊은 통찰력과 다양한 감각이 필요하게 도와주는 두 가지

구조를 갖고 있다. 첫째는 추상적 지식구조이고 둘째는 과거의 배경지식으로 개념과 정의가 되어있어 누구나 알 수 있는 의미들을 과거의 기억과 연결하여 익숙한 표상(이미지)으로 유발시켜주는 구조이다. 이 두 구조가 균형을 가지면 배움과 독서를 하는 데 최적화된 준비가 끝나게 된다.

필자는 누구나 특별한 지적노력이 없어도 어려운 인문고전이나 깊이 생각해야하는 책들을 마음껏 읽고 느끼며 배울 수 있기를 바란다. 어른이 되어도 쉬운 책들을 읽고 얇은 책들만을 골라 편식을 한다면 독서근육은 키워지지 않는다. 아울러 지속적인 지적노력을 통해서만 책을 이해하려는 어려움에 처하게 된다.

똑같은 책을 읽어도 시간이 길어지고 읽는 속도가 느려진다. 참을성이 없다며 읽는 것을 이내 포기하기도 한다. 그러면 점점 더 독서를 통해 얻어지는 배움의 차이는 벌어지게 된다.

힘들어도 글 속에서 내 생각을 만들어내고 과거의 배경지식을 이미지로 만들어 연상하여 새로운 정보로 만들어내는 방법을 반복하기를 바란다. 그러면 곧 특별한 지적노력 없이도 순조롭게 리딩이 진행되는 것을 습득하게 된다.

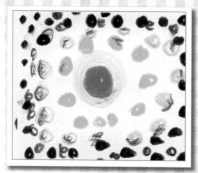

작품명 : 따듯함 warm

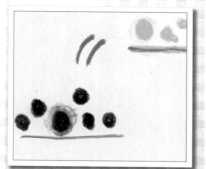

작품명 : 낮아짐 modest

작품명 : 실천 practice

인仁과 예禮

#01 따듯함

예禮를 갖출 때,
주변에 있는 사람들을 따듯하게 할 뿐만 아니라
나 자신도 빛나게 된다.

#02 낮아짐

예禮를 실천하려면 나를 한 단계 낮춰야 한다.

#03 실천

예禮는 계획하고 생각할 때보다 실천할 때 빛난다.

인을 지키는 사람은 예를 실천하는 사람이다.

by 세린 (중1년)

love

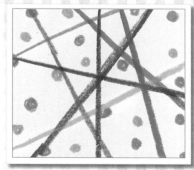

작품명 : 만남 meet

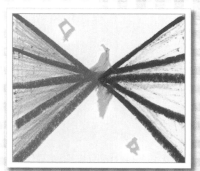

작품명 : 이끌림 led

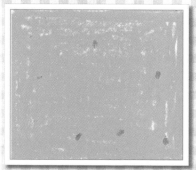

작품명 : 반짝임 glitter

인仁의 씨앗!

사랑은
수많은 만남들 속에 자연히 만들어지는 공간 안에는
동그란 마음들이 생겨나기 시작합니다.

사랑은
N극과 S극이 서로 이끌리듯 나도 모르게 이끌리는 것

사랑은
순간순간 서로의 이끌림과 동시에 반짝거리는 느낌이 드는 것

사람을 사랑하는 마음에서 인은 비롯된다.

by 민재 (중3년)

Share

작품명 : 단순 sample

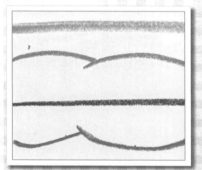

작품명 : 열림 open

작품명 : 퍼짐 spread

친구와 감정을 나눈다!

나눔의
직선으로 공간을 그어본다.
단순한 의미의 나눔이다.

나눔은
서로 막혀있지 않은 열린 마음.

나눔은
여러 개의 점dot들에서 어디론가 퍼져가는 것.

친구사이에 감정을 나눈다.

by 정민 (중1년)

작품명 : 관점

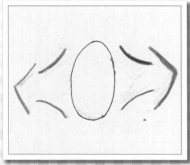

작품명 : 당기는 힘

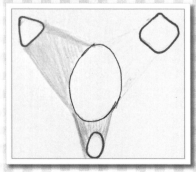

작품명 : 비추다

균형을 잃으면 고정관념은 커진다!

#01 관점

같은 시간과 공간속에서 같은 것을 보아도 서로 다른 생각과 행동이
일어나는 것은 다른 시각으로 다르게 세상을 바라보기 때문이다.

#02 당기는 힘

관점의 차이를 인정하지 않고 서로가 자신이 옳다고 주장하며
세상을 당겨오려 해도 세상은 그 자리에서 움직이지 않는다.

#03 비추다

스스로의 틀만 고집하지 않고 내 틀 속에 상대를 억지로 담으려하지 않고
단지 비춰보려는 노력이 있을 때, 날카로운 모서리는 둥글게 깎여나가고
내안에 가득 찬 고정관념들이 비워진다.

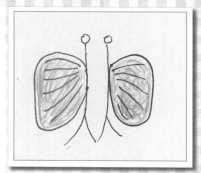

작품명 : 반쪽 half

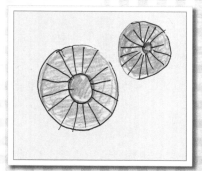

작품명 : 바퀴 wheels

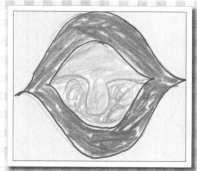

작품명 : 어리석은 자 foolish

현대인들의 어리석음

한쪽 날개로 하늘을 날고 있는 천사는
결국 균형을 잃고 땅으로 떨어진다.

잘 달리다가 축이 빠져버린 바퀴는 결국
목적을 상실하고 만다.

바쁘게 살아가는 현대인들의 삶이 그렇다.
균형을 잃고 목적을 상실한 일들로 갈등한다.
축이 빠진 줄도 모르고 앞으로만 전진 한다.

갈등을 해결하는 축을 만들지 않고 목청 높여 소리만 지르는
어리석음을 행行하고 있다.

독창적인 자기표현, 언제 시작할 것인가?

　지금 우리청소년들이 처한 교육환경은 생각을 유발시키는 것도 어렵고 그것을 자신의 글로 작문해보는 것에도 큰 불편함을 느낀다. 그저 타인이 해놓은 생각과 말, 이미 누군가 만들어서 유명해진 개념, 작품, 책 등을 통해 얻은 정보를 자신의 지식으로 흉내 내는 것에만 관심을 쏟고 있다.

　많은 청소년들과 청년들이 상급학교로 진학하거나 혹은 직장에 입사하는데 필요한 자기소개서마저도 누군가 대신 써주거나 남에 것을 보고 작성하는 일들이 늘고 있다. 온전히 자신을 표현하지 못한 것들로 직장생활과 학교생활을 시작하며 평가받고 있다.
　그러나 상상해보라! 아무런 빛깔 없이 쓴 자기소개서와 지식들이 우리에게 어떠한 미래를 만들어줄지 말이다. 언제까지 지금의 환경을 지속하게 해줄지 말이다.
　비판철학을 통해 서양의 근대철학을 종합한 칸트는 그의 말에서 풍부한 자기의 생각들이 넘쳐 났음을 본다. 특히 관계 속에서 재미있는 농담과 재치가 뛰어난 철학자이기도 했다.
　그러나 알만한 가치가 없는 것에는 철저하게 무관심했고 세상의 편견과 사회의 명성, 욕망에 조금도 유혹되지 않는 그만의 정리된 생각이 있었다.
　똑똑한 철학자 칸트도 일상의 관계 속에서 타인들에게는 스스로 생각하도록 부드럽게 자극만 줄 뿐이었다.

칸트는 순수이성비판이라는 책에서 '선험적 통각' 이라는 말을 하였다. '통각' 이라는 말은 〈어떤 것에 생각을 덧붙이다!〉라는 의미를 갖고 있다.

요즘 청소년과 젊은 청년들에게 필요한 역량이지만 제일 힘들어하는 요구이기도 하다.

결국, 칸트는 자신의 이성에 아무것도 추가되지 않은 순수이성을 비판하였다. 그것은 내가 생각하는 인식이 단 한가지의 빛깔이 아닌 여러 가지의 빛을 갖고 있다는 것이다.

아무런 자극 없이 무미건조한 삶의 생각과 지식들에 대해 강렬히 비판한 것이다.

자기를 표현하는 소개서마저도 타인이 써놓은 빛깔을 사용하고 그것을 자기의 향기인 것으로 여기며 사용하는 청소년과 청년들에게 언젠가 스스로에게 한번쯤은 '내 것이 무엇인지' 를 물어야 하는 진정성을 가지라는 말을 해주고 싶다.

작품명 : 십자가 Cross

작품명 : 태초에 beginning

작품명 : 사모함 love

다음 세대 리더는...!

책임지는 리더들이 없는 세상이라고 말합니다.
창의성과 리더십이 부족한 배움이 많다고들 합니다.

그런 세상에 필요한 다음세대의 기독교 리더들에게 바래봅니다.

첫째,
예수님의 헌신적인 십자가 사랑을 알아야 합니다.
둘째,
말씀에 집중하는 노력도 있어야 합니다.
셋째,
그 마음에 예수님을 사모하는 뜨거움이 있어야 합니다.

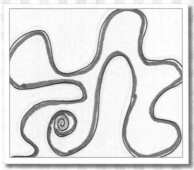

작품명 : 어려움 difficult

작품명 : 색향기 scent

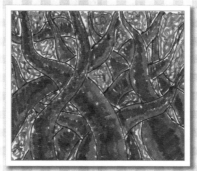

작품명 : 성장(엉킴) tangle

효孝의 향기

나는 직선보다 곡선을 그리기 어렵다.
그러나 보기에는 편하다.

다양한 생각의 색과 모양이 모여 최고의 향기를 만든다.

울창한 숲forest 아래 탄탄한 뿌리들의 엉킴(성장)이 있다.

효孝, 여러 마음이 모이지만 행하기는 어렵다.
효孝가 어려운 것은 다양하게 보이는 생각의 뿌리처럼 느껴지지만,
결국 깊게 엉킨 하나의 뿌리에서 시작된다는 것을 모르기 때문이다.

효는 다양한 생각의 향기로 만들어지는 감정의 표현으로
작은 행行함들이 엉켜 튼튼한 뿌리와 울창한 숲으로 관계를 성장하게 한다.

Anniversary

작품명 : 생일 birthday

작품명 : 결혼기념일

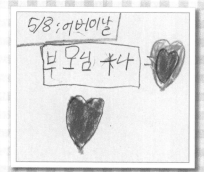

작품명 : 어버이날

효孝를 위해 할 수 있는 것들

1. 설거지 도와드리기
2. 심부름 해드리기 (장터 오이사오기)
3. 안마해드리기
4. 영화 보다가 News 채널 양보하기
5. 청소 도와드리기
6. 대중교통 이용하기, 데려다주는 자가용이용 No~
7. 아빠 구두 닦아드리기
8. 엄마, 라면 끓여드리기
9. 아빠! 안부전화 드리기
10. 엄마 피곤하면 수발해드리기 (마실 물, 청소 등)
11. 공부 열심히 하기
12. 기념일 챙기기
13. 다치지 않기
14. 건강위해 운동하기
15. 용돈 아껴 쓰기
16. 말동무 해 드리기 (학교이야기)
17. 걱정 끼칠 일 만들지 않기
18. 엄마가 해주신 음식 맛나게 먹기
19. 내가 있는 곳 위치 알려드리기
20. 한 달에 한번 부모님께 감사편지쓰기

제시어 ≫ 질문

Question

작품명 : 현혹 daze

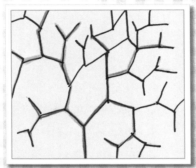

작품명 : 무늬 pattern

작품명 : 흔적 trace

삶의 화려함은 질문으로 결정된다!

#01 현혹

최초의 인류에게 선악과를 먹인 뱀의 혀에서
나온 것은 강요가 아닌 질문이었다.
우리를 지혜롭게 하는 것은 질문이지만, 현혹시키는 것 또한 질문이다.

#02 무늬

앞이 내다보이지 않는 순간 속에서
길을 찾기 위해 치열하게 묻고 답하는 시간들이 지나간다.
뒤돌아보면 보이지 않던 나만의 무늬가 보인다.

#03 삶의 흔적

흙에서 태어나 흙으로 돌아가는 삶속에서 그 중심에 들어갈 수 있는 것은
오직 질문을 통해서 가능하다.
그 삶의 흔적과 화려함의 깊이는 질문이 결정한다.

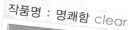

제시어 》 모호함

Ambiguous

작품명 : 명쾌함 clear

작품명 : 한쪽면 one direction
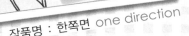

작품명 : 관계지식
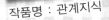

모호함, 누구에게 물어야 하는가!

한쪽면만 보는 일상이 있다.
양쪽 면을 보는 사람에게
얼마나 위험하고 어리석게 보일까!

한쪽면만 보면 알 수 없는 일들이 많아진다.
점점 더 보통사람들에게 정확한 역할과 명쾌함을 요구한다.

구분선이 명확한 그림들이 때로는 답답하게 느껴진다.
모호함이 더 명쾌함을 줄 때가 있다는 말이다.

한쪽만 보고 살아왔는가!
명쾌한 색깔만을 구분하며 살아왔는가!
완전성에 이의를 제기하는 모호함의 지혜를 배우자.

창의코칭 ⑪

그림을 먼저 그리느냐, 생각을 먼저 하느냐!
행동을 먼저 하느냐, 감정을 먼저 꺼내느냐!

발달심리학에서는 근원(핵심)언어가 형성되는 시기를 주로 아동기라 언급하였다. 근원언어는 아이들의 경험적 지식을 통해 더 이상 경험에 의존하지 않고 순수한 인지(이성)에 의하여 인식하고 설명되는 사변적 언어로 넘어가는 과정에서 중요한 역할을 한다.

이 말은 어릴 적부터 오감을 통해서 습득된 근원언어가 마음속에 많이 정리되어 있을수록 좋다는 의미이다.

그런 측면에서 책을 읽으며 오감을 통해 정리된 근원(핵심)언어들을 배울 수 있도록 일상의 배움에서 배려해주는 것은 중요하다.

다양한 사고방법을 통해 감각을 끄집어내는 창의이미지언어 활동은 근원언어를 배울 수 있는 교육내용을 담고 있다.

생각을 유발시키고 과거의 배경지식과 감정을 연결하여 이미지를 그리는 방법과 이미지를 먼저 그려놓고 의미를 생각하고 끄집어내는 방법에는 큰 차이를 보여준다.

이것은 주체가 대상을 향하는 것이 아니라 대상이 주체로 향한다는 '코페르니쿠스[13]적 전환'의 혁신적 사고관점과도 맥을 같이 한다.

그런 이유들로 미래의 청소년과 청년들에게 〈창의이미지언어〉를 배우고 책을 읽는 것은 천년이 넘게 진리처럼 믿어오던 천동설을 간단하게 바꾸는 사건으로 지동설을 주장했던 코페르니쿠스의 혁신적 사고를 내 생각의 혁명으로 꿈꿀 수 있도록 해 줄 것이다.

청소년들과 청년들은 이제 환경에서 주어진 전략에 나를 맡기지 말고 나의 비전과 신념을 중심으로 환경이 움직이고 따라오도록 핵심역량을 높여야 한다.

단순히 학교나 직장생활 속에서 관계성을 잘한다는 것에 만족하지 말고 한 단계를 넘어선 미래 환경을 보게 하고 그것에 직면하여 가치 있는 일들을 찾아내고 그 속에서 나를 경영하는데 집중하기를 바란다.

그 환경 속에서 내게 필요한 지식과 지혜가 천천히 쌓여갈 때, 타인보다 월등하게 다양한 능력을 갖게 될 것이다. 그런 측면에서 우리는 경쟁력 있는 창의언어능력을 습득하고 구체화시킬 필요가 있다.

과연 지금의 청소년들과 젊은 청년들에게 인문고전 읽기를 통해서 마음속으로 온전히 지식과 지혜가 믿어지는 핵심역량을 구체화시켜줄 배움 전략이 있는가를 물어야 할 것이다.

---

13) 니콜라스 코페르니쿠스, 1473~1543, 폴란드, 천문학자, 신부

작품명 : 아스라함 dimly

작품명 : 밝음, 분명한 길 certain

작품명 : 즐거움 fun

어둠이 깊을 때, 명明이 드러난다!

어둠이 내려앉은 새벽
칠흑 같은 밤, 가장 어둠이 깊을 때,
아무것도 분별할 수 없는 시간이
끝없이 지속될 것처럼 흐른다.
그러나
저 멀리 작은 빛이 떠오르기 시작한다.
빛이 강할 때, 우리는 분명한 꿈을 꾼다.
그리고 그 길로 나아가려 한다.
그 길이 옳은 길일까? 질문을 던질 때,
다른 세계로 나가도록 도와주는 도형 찾기 놀이를 해 본다.
결국 즐거움이 표현할 수 없는 명明을 찾게 해준다

writing by 한지효

작품명 : 돌 던지기

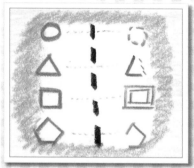

작품명 : 모방 copy

작품명 : 창조 creation

배움이 일상과 만나는 과정

#01 평온한 수면에 돌멩이 던지기
나의 고정관념을 깨뜨려보고 가능성을 인식하기
정신의 자물쇠를 열어서 생소한 인포그래픽[14]를 배워본다.

#02 모방, 배움
문제를 해결할 수 있는 새로운 방법이 능숙해질 때까지 배운다.
인포그래픽 서적과 강의를 보고 들으며 공부한다.

#03 창조
문제의 핵심을 파악하여 나만의 새로운 문제해결법을 만든다.
내가 맡은 보고서/제안서에 적용하여 고객들에게 선보일
나만의 인포그래픽을 만든다.

by 김현아 독서회원

---

14) 정보, 데이터, 지식을 시각적으로 표현한 것으로, 정보를 빠르고 쉽게 표현하기 위해 사용
된다. 표지판, 지도, 기술 문서 등에 사용되며 컴퓨터 과학, 통계학 등의 개념적 과학적 정
보를 알기 쉽게 시각화하는 도구로도 사용된다. 인포그래픽 [Infographics] (두산백과)

제시어 ≫ 타인

Others

작품명 : 누구나 anyone

작품명 : 어디로 where

작품명 : 이미 already

삶의 물음이 있는가!

#01 누구나
누구나 다니는 길로 다닐 것인가?

#02 어디로
어디로 튈지 모르는 럭비공처럼 살 것인가?

#03 이미
누군가 만들어 놓은 방법에 고리만 걸어 살 것인가?

나는 나에게 묻는다.
그동안 타인이 관여했던 내 삶을 바꾸고 싶다.

제시어 ≫ 배려 *Consideration*

작품명 : 약한 weak

작품명 : 진심 sincerely

작품명 : 공존 coexist

물고기 우화로 배우는 배려

#01 약한 사람들에 대한 배려

#02 마음에서부터 우러나오는 진실한 배려

#03 서로 간 상호 공존하고자 할 때, 자연히 나타나는 배려

사람과 사람 사이에서 여러 가지 요인들로 인해
나타나는 배려처럼 어부의 그물코 또한 약한 자들에 대한 어부의 따뜻한
마음에서부터 나온 배려이다.

큰물고기와 작은 물고기 우화토론을 마치고
writing by 민재(중3년)

작품명 : 고정 fixed

작품명 : 스스로 self

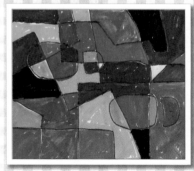

작품명 : 뒤 back

집착, 어떻게 이겨낼 것인가!

#01 고정된 시선

#02 스스로는 알 수 없다.

#03 한발자국 뒤로 가기

딱딱하게 고정된 시선에 의해 자신도 모르는 집착에 빠진 적이 있는가!
코앞에 있는 답이 보이지 않는다면 한발 뒤로 물러서서
넓게 볼 수 있는 자세가 필요하다.
항상 최고의 결과를 만들고 싶어 하는 생각이 내 발목을 잡는다.
아직 초보인 나에게는 질질 끌기보다 부족하더라도 일단 끝마칠 수 있는
과감한 용기가 필요하다. 그리고 나서 개선할 점을 찾아보자.

writing by 유영근

작품명 : 언어

작품명 : 그림

작품명 : 숫자

지능의 복수화!

#01 언어
지능은 세상의 모든 언어들을 기반으로 표현된다.

#02 그림
지능은 어문부호와 시각부호로 표현된다. 언어들을 기반으로 학생들의 지능을 성장시켜 간다. 특별히 시각부호인 그림이나 소리 등으로
지능을 융합시키는 과정을 배운다면 심미적인 지능을 갖게 된다.

#03 숫자
피타고라스는 세상을 지배하는 숫자나라를 만들었다.
삶의 지켜야하는 규칙들을 모두 숫자에 적용시켰다.
지능에 많은 말들을 단순하게 줄여주는 숫자,
어떻게 일상과 소통하며 적용할 것인가를 고민한다.

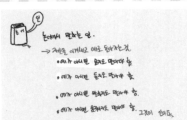

논어에서 말하는 인.

→ 자신을 이겨내고 예로 돌아가는 것.
- 예가 아니면 듣지도 말아야 함
- 예가 아니면 듣지도 말아야 함
- 예가 아니면 말하지도 말아야 함.
- 예가 아니면 움직여도 말아야 함. 그것이 인이다.

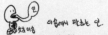

마음에서 말하는 인

〈산의 당한 사람〉

→ 남의 도움은 필요치 않지. 자신의 의지로 모여야 함
- 나는 남에게 많은 관심으로 자신의 손도 물론의 같이 협력해야 함.
- ※ 남의 도움도 확하고 것이 나 자신이 먼저 노력.

인이라는 것은 과연 처음에 무슨 의미로 가겠습니까?

한테 한자로 쓴다면? / → 亻二 (어질 인 ⑩)

어질인은 亻 사람인 과 二 두이 자가 결합한 글자로, 도내를 아이의 서다가는 사상생활에서 사람과 지켜야하는 도리를 나타낸다.

➡ 사람의 자신은 인(서)를 통한 사람의 마음이 있어야 한다.

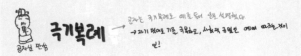

공자님 말씀

극기복례

→ 공자는 극기복례로 예로 돌아 인을 선언했다.
→ 자기 욕망을 극복하고, 사회적 규범인 예에 따르는 것이
인!

내가 생각하는 인은 나 요보 한 더 위한 것이다.

김필립

이미지언어로 공간을 채우라!

필립군은 올해 중학생이 되는 남자아이입니다.

어릴적 많은 책들을 읽은 덕에
생각이 빠르고 앞에 벌어질 일들을 선별적으로
추측하는 사고에 익숙합니다.

그 빠른 생각들을 더욱 효과적으로 표현해주는 것은
필립군의 꼬물꼬물한 그림들입니다.
곳곳에 숨어서 살아 숨 쉬는 이미지가
필립군의 지식을 세련되게 만들어 줍니다.
공자의 어려운 극기복례를 재미난 그림으로
여기저기 자기의 아이디어들을 심어 놓습니다.
그래서 늘 필립군의 노트와 독서교재에는 그림들로 가득합니다.

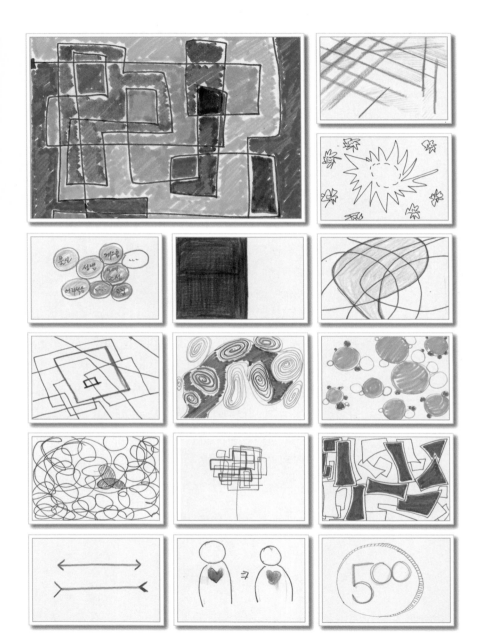

여러분은 세상을 향해 나아갈 전략이 있습니까?

　창의이미지언어는 넓은 의미에서 창의적인 핵심역량보다 좁은 의미에서의 '선험적 통각' 들을 하나하나 정리해가는 반복학습을 통해 자신의 빛깔을 찾도록 도와준다.

　자기만의 빛깔이 있다는 것은 결국, 일상에서 경험하는 모든 것들(책과 경험을 통한 지식 등)에 대해 선험적인 지식과 지혜를 연결하여 새로운 지식으로 만들고 소통하는 리더로 성장시킬 수 있는 글로벌 역량을 갖고 있다는 것을 의미하는 것이다.

창의 이미지언어 교육중(신림동 무지개 공부방)

제시어 ›› 미美

Beauty

작품명 : 혼란

작품명 : 미의 평가

작품명 : 미 찾기

일상에서 미美를 찾아라!

#01 혼란 (쓰레기더미)

일상에는 쓰레기더미 같은 일들이 많다.

#02 미의 평가

크고 화려한 것만이 좋은가?

욕심 많은 달팽이는 자신의 집을 크게 꾸미는 것에만 욕심을 부려

정작 먹을 것이 없어 이동해야할 때가 왔을 때, 어려움을 갖게 된다.

#03 아름다움 찾기

보이지 않고 느껴지지 않지만,

불볕더위 8월, 시원한 바람은 눈이 확 떠지는 신선한 공기

주변의 혼란 속에서 나 자신의 눈으로 신선한 공기를 찾고자 노력한다.

Glory

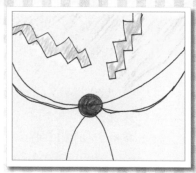

작품명 : 감당 bear

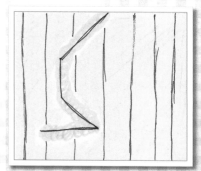

작품명 : 겸손 modesty

작품명 : 착각 delusion

승리의 영광을 감당하라!

#01 감당할 수 있는가!

#02 굽힐 수 있는 겸손 있는가!

#03 감은 눈으로 보는 착각

승리의 영광은 그 무게를 감당할 수 있어야만 온전히 가질 수 있다.
오늘의 승리가 스스로의 능력으로만 일어나지 않았음을 아는
겸손을 통해 구부러짐이 꼿꼿함 보다 약함이 아님을 배워갈 때,
비로소 나의 눈은 항상 감겨 있었다는 진실을 깨닫게 된다.
이 진실의 무게를 감당할 수 있는가?

by 유영근 창의독서교사

Form

작품명 : 진동 wave

작품명 : 산 & 나무 tree

작품명 : 골목길 alley

삶의 양식 있는가!

#01 말이 들어오고 나가는 전화기의 진동이 요란하다.

#02 뾰족하게 높은 산, 뾰족하게 높은 나무
무디어진 사고와 감정은 높은 뜻과 행동을 갖기 어렵다.
푸르른 지혜의 멋스러움은 높은 산 정상에서 부는
시원한 바람처럼 차고 강하며 신선하다.

#03 옛 추억이 있는 골목을 생각하면 막다른 골목길에
직면한 문제를 해결해 줄 벗이 떠오른다.

지성을 최대한 활용하여 삶의 양식을 찾으라.
사랑하는 나의 지성이여!
높은 산의 시원한 바람과 푸른 나무의 향기로움으로 내게 오라.

Ask for

작품명 : 무기 weapon

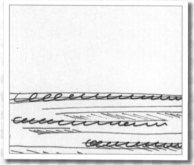

작품명 : 아름다움 beauty

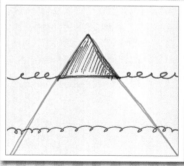

작품명 : 의도 intention

삶의 양식 있는가!

#01 소통의 무기 있는가!

심각하거나 기쁘거나 중요한 정보들을 전달할 때,
우리는 소통의 무기가 있어야 합니다.

#02 평범한 것들 속에서 아름다움을 찾고

#03 의도하지 않는 곳에서 의미를 찾습니다.

본성대로 나오는 말이 익숙하여 중요한 내용이나
타인을 배려해야하는 말을 가볍게 던지는 때가 있습니다.
일상에 보이는 마음에서 보이지 않는 것들도 배려하는
혜안慧眼이 있어야 합니다.

Time

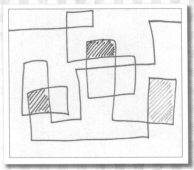

작품명 : 숨 breath

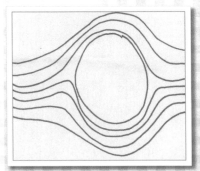

작품명 : 휨 bending

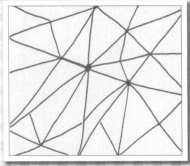

작품명 : 점 dot

가장 좋은 때!

#01 숨
내 몸으로 들어오고 나가는 호흡

#02 휨
세상을 바라보는 지혜의 비밀, 관점의 왜곡

#03 점
높은 곳은 한곳으로 모이는 예리함을 갖고 있다.

높은 곳으로 갈수록 한곳으로 모이는 예리함

내 몸 상태가 가장 좋은 때*time*는
숨을 들이마시고 내쉬는 동안
생각하는 지혜의 밀도가 공간의 휨을 느끼고
예리한 점을 가질 때다.

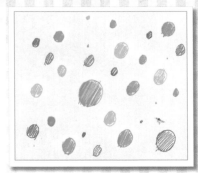

작품명 : 풍부

작품명 : 욕심, 시기

작품명 : 허무

사람과 여우 이솝우화를 읽은 후 ①

어떤 사람이 자기를 해코지했다는 이유로 여우에게 원한을 품고 있었다. 그는 실컷 앙갚음하려고 여우를 붙잡아 기름에 담갔던 밧줄을 꼬리에 매달고 거기에 불을 붙인 다음 풀어놓았다.
그러나 어떤 신이 그 여우를 풀어놓은 사람의 밭으로 인도했다. 때는 마침 수확기라 그는 울면서 뒤쫓아 갔건만 아무것도 거두지 못했다.

#01 풍부
#02 욕심
#03 허무

욕심을 부리거나 남을 시기하면 아무것도 남지 않는다.

작품명 : 낮추기

작품명 : 좁은 마음

작품명 : 화살

사람과 여우 이솝우화를 읽은 후 ②

#01 스스로 자기 자신을 낮추는 것은
자기의 신념과 주장으로 타인에게 이해를 구하기보다
타인의 생각에 내 생각을 맞추는 것이다.

#02 타인을 배려하는 마음은
좁은 속과 좁은 마음으로는 생각해 낼 수 없다.

#03 화살
자신을 해코지한 사람을 똑같이 앙갚음으로 해결한다면
그 사람과 다를 게 없다.

타인을 이기고 위에 군림하려는 마음은 좁은 마음이다.
그것은 자기 자신에게 화살을 쏘는 것과 같다.

Embrace

작품명 : 씨앗 seed

작품명 : 예리함 sharp

작품명 : 날다 fly

가장 좋은 때!

#01 씨앗 같은 생각을 품다.

#02 평범한 생각들이 예리함을 갖기 시작한다.

#03 날다.

씨앗같이 품은 생각은
이렇게 저렇게 예리함을 갖게 되며
결국 날게 된다.

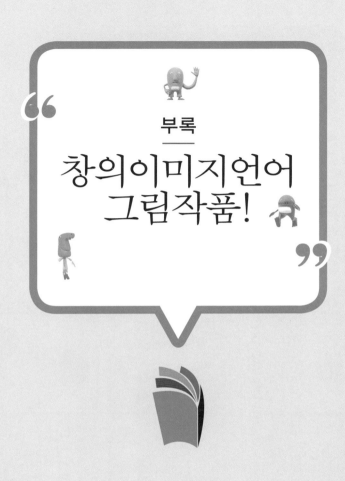

부록

창의이미지언어
그림작품!

· · ·

아이들의 마음속 생각을 계산하는 재료

· · ·

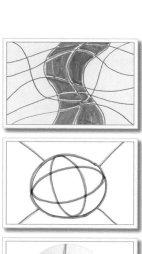

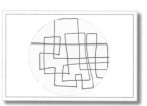

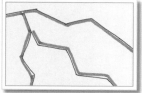

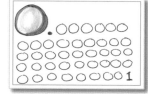
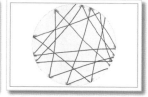

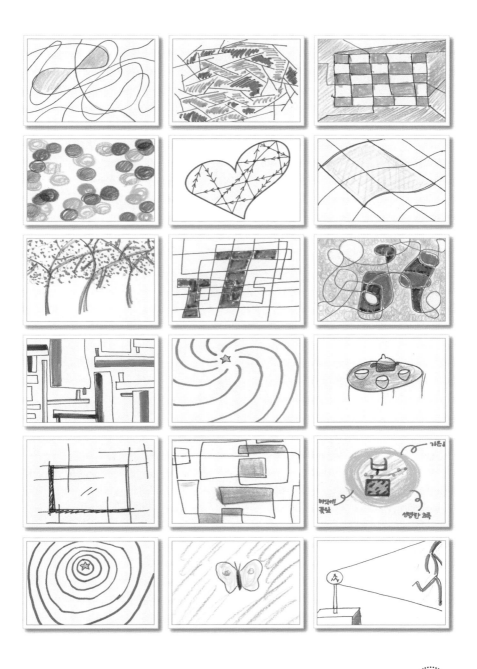

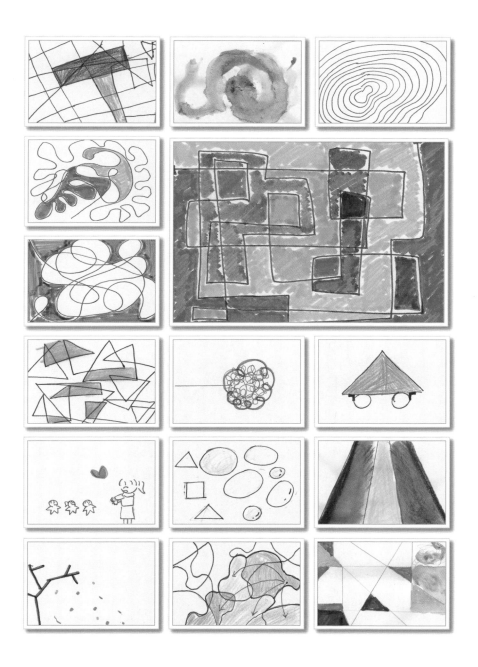

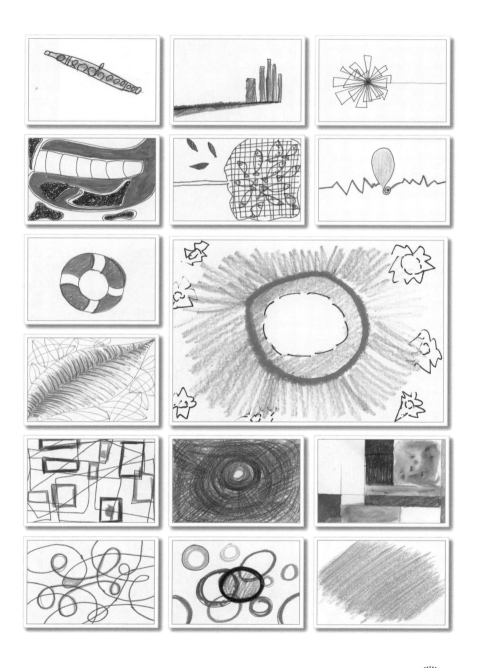

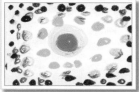

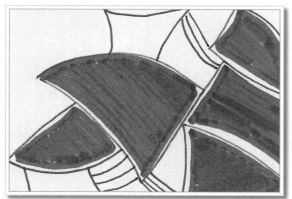

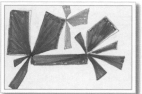
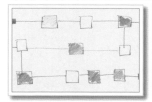

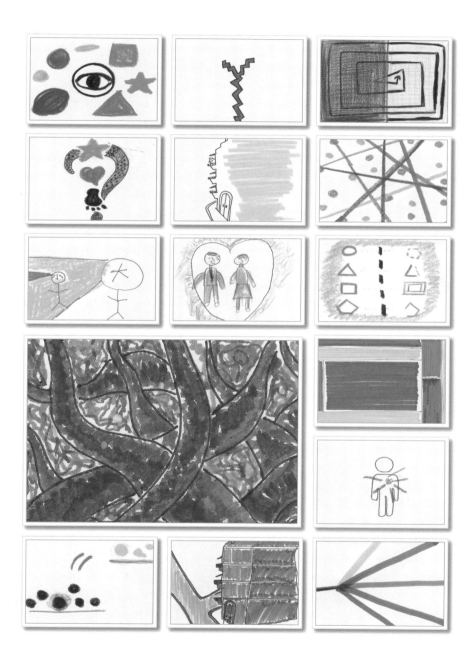

창의이미지언어로 리딩하라!

저자_ 장태규

초판 1쇄 인쇄_ 2017. 3. 03.
초판 1쇄 발행_ 2017. 3. 14.

발행처_ 도서출판 아이펀
엮은곳_ 장태규 창의독서교육연구소
디자인_ 다인디자인
도서유통_ 비전북(031-907-3927)

전 화_ 02)715-6755
팩 스_ 02)715-6756
주 소_ 서울특별시 서초구 방배동 2244 2층

누리집_ www.eduifun.com
이메일_ ifun7942@naver.com
카톡 ID_ ifun7942

값 18,000원
ISBN 978-89-966139-7-8 03700

창의독서교육연구소 www.eduifun.com
아이펀 창의독서교육센터 www.ifunstudio.org